Phyllis Thompson

Wenn es Nacht wird in Soho

Die Geschichte der Mary Scott

ONCKEN VERLAG WUPPERTAL UND KASSEL

Bücher, die dieses Zeichen tragen, wollen die Botschaft von Jesus Christus in unserer Zeit glaubhaft bezeugen.

Das ABCteam-Programm umfaßt in seiner Hauptreihe:

A = aktuelle Themen
B = Berichte, Erzählungen, Lebensbilder
C = Christsein heute

Als Sonderreihe erscheinen Jugendbücher (J),
Werkbücher (W), Glauben und Denken (G + D).

Außerdem gibt es Geschenkbücher in besonderer Ausstattung.

ABCteam-Bücher erscheinen in folgenden Verlagen:
Aussaat Verlag Wuppertal / R. Brockhaus Verlag Wuppertal
Brunnen Verlag Gießen / Christliches Verlagshaus Stuttgart
Oncken Verlag Wuppertal / Schriftenmissions-Verlag Gladbeck

ABCteam-Bücher kann jede Buchhandlung besorgen.

Titel der englischen Originalausgabe: »The Midnight Patrol«
© 1974 by Phyllis Thompson
erschienen bei Hodder and Stoughton Limited, St. Paul's House, Warwick Lane, London, England

Deutsch von Ruth Rostock

1976
Umschlaggestaltung: Ralf Rudolph, Ratingen
Gesamtherstellung: Breklumer Druckerei, Manfred Siegel
ISBN 3–7893–0510–3

VORWORT

Der Innenminister war besorgt. Zehn Jahre nach Kriegsende ging es in seinem Ministerium alles andere als friedlich zu. Besonders eine Angelegenheit hatte eine Menge Debatten im Parlament und heimliche Kritik in der Presse hervorgerufen: die stark verbreitete Prostitution auf den Straßen Londons.

Solange sich die ehrenwerten Mitglieder des Parlaments erinnern konnten, waren der Leicester Square und der Piccadilly Circus bekannt als Plätze, wo die Frauen nachts auf der Suche nach Kunden umherliefen. Die Polizei tat, was sie konnte, um die Sache unter Kontrolle zu behalten, indem sie die Frauen regelmäßig einsperrte, sie vor den Richter zitierte und sie zwei Pfund Strafe bezahlen ließ. Aber in letzter Zeit war es über das bisher bekannte Maß hinausgegangen. Die Frauen standen alle paar Meter den ganzen Weg entlang, von der Bayswater Road und der Park Lane bis nach Picadilly und Soho. Ein bestimmter Teil der Presse hatte aufsehenerregende Enthüllungen über ganze Banden gebracht, die viel Geld einbrachten und Verbindung zum Kontinent hatten. Das Beweismaterial war so überzeugend, daß im Parlament Fragen gestellt worden waren. Was tat das Innenministerium dagegen?

Das Innenministerium unternahm sofort eine Menge Schritte, und einer davon war, daß es sich mit der Leiterin der Women's Social Services der Heilsarmee in Verbindung setzte. Konnte sie durch die Army's Social Services vielleicht etwas tun, was das Gesetz nicht tun konnte – etwas für die Prostituierten selbst? Besonders für die jungen Mädchen, die mit hineingezogen wurden?

So ging Kommissarin Emma Davies, durch diese Herausforderung aufgerüttelt, zu General Kitching, der damals Britischer Kommissar war.

»Aber wie ist es denn mit der Mitternachtsstreife?« fragte er.

»Die gibt es nicht mehr«, erwiderte sie. Sie war während des Krieges eingestellt worden, als die Verdunklung es nachts unmöglich machte, auf der Straße umherzulaufen, und sie war nicht wieder eingeführt worden. Emma Davies war sehr unglücklich deswegen.

Der General und die Leiterin der Women's Social Services sahen einander an. Es bedurfte nicht vieler Worte. Angesichts dieser jungen Mädchen, die direkt am Rand der Klippe entlangliefen und in die unbarmherzige See der Unterwelt hineinzurutschen drohten, war nur eins zu tun.

»Wir müssen die Mitternachtsstreife wieder einführen«, sagten beide übereinstimmend. »Die Frage ist nur: Wo finden wir die richtige Frau für diese Arbeit?«

INHALT

1. Das Mädchen auf der Straße

Die Konferenz des Sozialen Frauen-Hilfswerks der britischen Heilsarmee, die alljährlich in Derbyshire stattfand, wurde 1954 von über dreihundert Offizierinnen in Uniform besucht. Sie waren von ihren Posten in Altersheimen, Erziehungsanstalten, Heimen für ledige Mütter und anderen Institutionen im ganzen Land gekommen, in denen man jeder Art menschlicher Not abzuhelfen suchte.

Diese Konferenz war immer eine Zeit frohen Wiedersehens und Austauschs für alle die, die zusammen ausgebildet worden waren, zusammen gewohnt und gearbeitet hatten. Während der Mahlzeiten entwickelten sich an den langen Tischen im Speisesaal muntere Gespräche, und zwischen den Sitzungen schlenderten kleinere und größere Gruppen in angeregter Unterhaltung durch die gepflegten Gartenanlagen. Wie im Fluge vergingen die drei Konferenztage, deren Höhepunkt dann der Kameradschaftsabend bildete.

Dieses gesellige Beisammensein fand nicht in der Konferenzhalle, sondern im Gesellschaftsraum statt. Die älteren Offizierinnen saßen in bequemen Sesseln, während die jüngeren meist eng zusammengedrängt auf den breiten Fensterbänken oder auf dem Fußboden hockten. In zwangloser Folge wurden geistliche Lieder gesungen und Gedichte vorgetragen, dazwischen erzählte die eine oder die andere Teilnehmerin etwas Interessantes aus ihrer Tätigkeit. Als Kommissarin Emma Davies, die Leiterin des Sozialen Frauen-Hilfswerks, aufstand und sagte, sie habe etwas Besonderes mitzuteilen, wandten sich ihr sofort alle Anwesenden aufmerksam zu.

Emma Davies sprach über die Mädchen und Frauen auf den Straßen Londons.

Das Thema Prostitution hatte zu Anfang der fünfziger Jahre immer wieder Schlagzeilen in der Presse der britischen Hauptstadt gemacht. Jetzt war die Not der Mädchen, die in die Netze erpresserischer Zuhälterbanden geraten waren, so groß geworden, daß die Regierung schließlich einzuschreiten begann. Um die jungen Mädchen zu retten, ehe sie im Meer der Unterwelt versanken, setzte sie sich mit der Heilsarmee in Verbindung. Die Anfrage landete bei Emma Davies.

»Ich ging sofort zum General, um mich mit ihm zu beraten«, erzählte Emma Davies. »Was können wir für die Mädchen tun, die jede Nacht vom Hyde Park bis zum Leicester Square die Bürgersteige säumen? Wer soll sie dort aufsuchen, um ihnen zu sagen, daß sie nicht hoffnungslos allein sind, wenn sie die Gefahren ihres falschen Wegs erkennen; daß es Menschen gibt, die, von der Liebe Christi erfüllt, ihren guten Ruf aufs Spiel setzen, um ihnen zu helfen? Wo ist die Mitternachtsstreife?

Es gibt keine Mitternachtsstreife mehr. Sie wurde während des Zweiten Weltkriegs wegen der Verdunklung der Straßen eingestellt und ist nicht wieder aufgenommen worden.«
Die Stimme der Kommissarin wurde dunkel vor Bewegung, als sie die Antwort des Generals auf all diese Fragen wiedergab:

»Die Mitternachtsstreife muß wieder eingeführt werden. Wir brauchen Offizierinnen, und wir brauchen ein Haus, in das sie die Mädchen hinbringen können, die Hilfe nötig haben. Ich weiß zwar nicht, woher wir das Geld dazu nehmen sollen, aber fangen Sie trotzdem schon an, Kommissarin Davies!«

Dann waren sie beide im Büro des Generals zum Gebet niedergekniet – und Gott hatte sehr schnell geantwortet. Innerhalb weniger Tage gingen zwei beträchtliche Geldsummen ein, die für diese Art Arbeit bestimmt waren. Die Mitternachtsstreife konnte wieder begonnen werden.

Emma Davies gab den Namen der Offizierin bekannt, die die Leitung übernehmen sollte, und fügte dann hinzu: »Eine andre aus unsern Reihen wird dazu ernannt werden, ihr zu helfen.«

»Das wirst du sein, Mary!« flüsterte deren Nachbarin ihr zu. Mary Scott war überrascht. Aber nachdem ihr eine zweite und dritte Bekannte das gleiche gesagt hatte, begann sie sich ernstlich zu fragen, ob sie wohl recht hätten. Als ihr dann offiziell mitgeteilt wurde, daß die Wahl auf sie gefallen war, war sie bereits auf die bevorstehende Veränderung in ihrem Leben vorbereitet. Nicht vorbereitet war sie jedoch auf das, was sie von Emma Davies erfuhr, als sie diese persönlich im Hauptquartier aufsuchte: Die Offizierin, die die Mitternachtsstreife hatte leiten sollen, war plötzlich aus der Heilsarmee ausgeschieden, und sie, Mary Scott, sollte an ihrer Stelle eingesetzt werden.

»Sie sind jetzt die einzige, die für diesen Posten in Frage kommt«, sagte die Kommissarin. »Und Sie sollen auch wissen, daß Sie nicht nur von mir, sondern von uns allen gewählt worden sind.«

Sie sagte das bewußt, um Mary Mut zu machen. Denn sie war sich darüber im klaren, daß Mary keine leichte Aufgabe vor sich hatte. Es war fünfzehn Jahre her, seit Heilsarmee-Offizierinnen jede Nacht bis in die frühen Morgenstunden das Londoner Westend durchstreiften, und es gab keine Beispiele, die sie hätte nachahmen können. Niemand konnte ihr sagen, wie sie es machen sollte, um mit den Mädchen auf der Straße bekannt zu werden und zu erfahren, wann eins von ihnen diese Art von Leben so satt hatte, daß es bereit war, sich helfen zu lassen. Das mußte sie alles selbst herausfinden.

»Können Sie mir einen Rat geben, wie ich anfangen soll?« fragte Mary.

»Wenn ich Sie wäre, würde ich einmal nachts die Wardour Street entlanglaufen und mich dort umsehen, um einmal einen Eindruck von dem Ganzen zu gewinnen. Natürlich dürfen Sie nicht allein gehen«, fügte die Kommissarin schnell hinzu. »Irgend jemand wird dazu ernannt werden, mit Ihnen zu gehen. Sobald wir die Entscheidung getroffen haben, benachrichtige ich Sie. Inzwischen haben Sie genug zu tun, um sich auf diese Arbeit vorzubereiten. Zuerst müssen Sie einen passenden Ort finden, wo Sie selbst wohnen und wo Sie auch Mädchen unterbringen können.«

Dann knieten sie nieder und baten Gott um seinen Segen für dieses Unternehmen, um seine Führung und um seinen Schutz. Auf der Heimfahrt von diesem Besuch überlegte Mary angestrengt, wie sie ihren Weg in die zwielichtige Welt der Mädchen und Frauen finden könnte, um die sie sich in Zukunft kümmern sollte. Bei ihrer Arbeit in Heimen und Besserungsanstalten der Heilsarmee hatte sie nur flüchtige Einblicke in diese Welt getan und außerdem immer einen Stab von erfahrenen Vorgesetzten im Rücken gehabt. Jetzt war sie auf sich selbst angewiesen, wenn sie in die Unterwelt Londons ging, um das Leben der Mädchen kennenzulernen, die durch ihren Beruf zusätzlich noch in die Gefahr kamen, in die Netze von Gangstern, von Kriminellen, Perversen und Zuhältern zu geraten.

Mary Scott beschloß, die Offizierin aufzusuchen, die vor dem Krieg viele Jahre lang auf Mitternachtsstreife gegangen war. Die alte Frau, die jetzt im Ruhestand lebte, war gern bereit, Mary ihre Erfahrungen mitzuteilen, und ging zweimal nachts mit ihr durch Londons Westend.

»Gehen Sie absichtlich langsam, damit die Leute sehen, daß Sie es nicht eilig haben!« riet sie Mary. »Zeigen Sie niemals Angst! Denken Sie daran, daß Gott bei Ihnen ist und daß auch Ihre Uniform sie schützt. Wenn ein Mädchen Sie anschaut, lächeln Sie ihm zu und sagen Sie ein paar freundliche Worte. Die Mädchen müssen sich daran gewöhnen, Sie zu sehen. Das dauert seine Zeit. Aber wenn sie sich an Sie gewöhnt haben und merken, daß sie Ihnen vertrauen können, werden sie bereit sein, zu Ihnen zu kommen. Halten Sie besonders Ausschau nach den ganz jungen Mädchen, nach den ›Neuen‹! Versuchen Sie sie zu erreichen, ehe es zu spät ist, ehe dieses Leben sie gepackt hat. Seien Sie ihnen eine Freundin! Gehen Sie nicht als Polizist oder als Moralprediger zu ihnen. Diese Mädchen brauchen eine Freundin. Vielleicht sind Sie die einzige wirkliche Freundin, die sie haben . . .«

Sie stiegen am Leicester Square aus der Untergrundbahn und gingen langsam durch die Gartenanlagen zum Piccadilly Circus. Die Theater- und Kinobesucher wurden spärlicher, und das grelle Licht der Straßenlaternen warf scharfe Schatten auf das graue Pflaster. Eine Frau, deren scharlachrote Lippen wie eine klaffende Wunde in dem stark gepuderten Gesicht aussahen, stand vor der Bar eines Wirtshauses. Ihr Blick war eisig, als die Heilsarmee-Offizierinnen vorbeigingen. Ein paar Schritte weiter lehnte ein Mädchen mit lang herabbaumelnden Ohrringen an einer Hauswand und schaute die Straße hinunter. Eine unauffällig gekleidete Frau stand halb verborgen in einem Torweg.

»Guten Abend!« sagte Marys Begleiterin im Vorübergehen. Aber die Frau wandte den Kopf ab. Arm in Arm kam ein junges Paar vorbei und kurz darauf eine Gruppe Jugendlicher, die sich die Stadt ansahen. Aber die meisten Passanten waren einzelne Männer . . .

Obwohl bei den beiden nächtlichen Rundgängen nicht viel mehr herauskam, als ein paar kurze Gespräche mit Mädchen, die auf das freundliche »Guten Abend!« reagierten, waren Marys Mut und Selbstvertrauen gewachsen.

»Ich glaube, ich habe jetzt einen kleinen Einblick in meine neue Aufgabe gewonnen«, sagte sie. »Ich weiß nun schon besser, wie ich sie in Angriff nehmen soll.«

Die alte Frau gab ihr noch einen Rat:

»Gehen Sie morgens in die Sitzungen, wenn die Mädchen, die wegen Belästigung in Haft genommen wurden, vor dem Richter erscheinen müssen. Dabei erfahren Sie ihre Namen und erkennen sie dann auch wieder, wenn Sie sie auf der Straße sehen. Vielleicht haben Sie sogar Gelegenheit, mit dem einen oder dem anderen zu sprechen.«

So ging Mary in die Gerichtssitzungen in der Marlborough Street, in Marylebone und in der Bow Street. Sie schrieb sich von den in den Korridoren aufgehängten Listen die Namen der vorgeladenen Mädchen und Frauen ab und setzte sich dann still auf eine Bank der Publikumsgalerie, um sie zu beobachten. Alles ging sehr nüchtern und geschäftsmäßig zu. Ein Mädchen nach dem andern bekannte sich der Prostitution schuldig und wurde zu einer Geldstrafe von zwei Pfund verurteilt. Damit war die Sache erledigt.

Mary hatte ein gutes Gedächtnis für Namen und Gesichter. Aber als sie eines Vormittags im Gerichtssaal in der Bow Street saß, sah sie ein Mädchen, dessen Gesicht ihr bekannt vorkam, an dessen Namen sie sich aber nicht erinnern konnte. Von einer der Publikumsbänke aus beobachtete es die Vorgänge mit unverhohlenem Interesse. Es war unmöglich, dieses Mädchen zu übersehen; denn es trug einen schreiend rosaroten Mantel.

Kurz vor Schluß der Sitzung trat ein Gerichtsdiener an Mary heran und sagte leise:

»Draußen ist ein Mädchen, das Sie angeblich kennt. Wollen Sie mit ihm sprechen?«

Und als sie in den Flur hinausging, kam das Mädchen mit dem rosaroten Mantel auf sie zu und rief vergnügt:

13

»Sind Sie nicht Kapitänin Scott? Waren Sie nicht 1950 in East Grinstead? Kennen Sie mich noch? Ich bin Eileen!«

»Eileen!«

Ja, jetzt erinnerte sich Mary. Das starke Make-up und das dauergewellte Haar hatten Eileen sehr verändert. Aber ihre blauen Augen blitzten wie damals, als sie in der Erziehungsanstalt von East Grinstead ihre Kameradinnen zu jedem nur möglichen Unfug anstiftete. Es war eine Zeit in Marys Leben, an die sie, die selbst viel Sinn für Humor hatte, gern zurückdachte. Ihre Ausbildung als Heilsarmee-Fürsorgerin, die sie 1941 während des Krieges begonnen hatte, war gerade abgeschlossen, und die nun 38jährige Kapitänin hatte eine Stelle als Fahrerin und Handarbeitslehrerin in dem wunderschön gelegenen Heim bekommen. Da sie selbst auf dem Lande aufgewachsen war, liebte sie die Natur und versuchte auch ihre Zöglinge auf Spazierfahrten und -gängen dafür zu begeistern. Aber bei den meisten war ihr das nicht gelungen. Auch bei Eileen nicht.

»Ja, ja«, fuhr Eileen munter zu erzählen fort, »das ist unsre Kapitänin Scott, habe ich zu mir gesagt. Aber was macht sie denn hier?«

»Das frage ich Sie, Eileen!« erwiderte Mary lächelnd.

»Oh, ich wollte sehen, wie es mit einer meiner Bekannten ausläuft«, sagte Eileen leichthin. »Sie war heute dran – nur die gewöhnliche Geldstrafe, wissen Sie!«

Marys Gesicht behielt das freundliche Lächeln. Aber etwas in Eileens Antwort gab ihr zu denken.

»Wollen wir uns nicht einen Augenblick setzen?« fragte sie und ließ sich auf einer Bank nieder. »Und nun erzählen Sie mir einmal von sich, Eileen! Was machen Sie denn so?«

»Oh, ich bin auf der Jagd«, antwortete Eileen prompt.

»Auf der Jagd? Auf was für einer?«

»Oh, Sie wissen schon: Männer! Auf der Straße, wenn Sie so wollen.«

»Oh, Eileen!« Mary konnte ihre Enttäuschung nicht verbergen. »Das ist doch nicht möglich!«

»Doch, Kapitänin!« Eileen zuckte unbekümmert die Achseln. »Ich wünschte mir allerdings, daß ich einmal ein bißchen Glück hätte.«

»Wie meinen Sie das?«

»Daß ich einen mit viel Geld erwischte! Der amerikanische Flieger, den ich mir angeschafft habe – übrigens ein Neger –, ist zwar ganz in Ordnung. Er bezahlt meine Miete und kommt zu mir, wenn er Urlaub hat. Aber die übrige Zeit bin ich nachts auf der Straße. Ich wünschte, ich hätte mal richtig Glück.«

Wenn Mary gehofft hatte, daß Eileen dieses Leben satt habe und bereit sei ein neues anzufangen, dann zeigte ihr diese Antwort, daß sie sich getäuscht hatte. Eileen wollte nichts anderes sein, als was sie war. Da sie sehr freundlich und gesprächig war, konnte sie ihr bestimmt manches Wichtige aus dem Leben der Straßenmädchen erzählen. Vielleicht hatte es Gott so geführt, daß sie an diesem Vormittag hierhergekommen war.

»Ich will Ihnen nun erklären, warum ich hier bin«, sagte Mary zu Eileen. »Ich habe den Auftrag bekommen, alles nur irgend Mögliche zu tun, um Mädchen wie Ihnen zu helfen, wenn sie ein anderes Leben beginnen möchten. Eileen, Sie wissen, daß Gott nicht will, daß Sie ein solches Leben führen – Sie nicht und andere Mädchen auch nicht. Damit ich nun meine Aufgabe erfüllen kann, muß ich soviel wie möglich über euch zu erfahren suchen. Wollen Sie mir dabei helfen?«

»Aber sicher!« erwiderte Eileen sofort. »Ich erzähle Ihnen gern alles, was Sie wissen wollen. Ich kann Sie auch mit ein paar andern Mädchen bekannt machen. Ich werde ihnen sagen, daß Sie in Ordnung sind und daß Sie sie nicht verpfeifen werden. Hier ist meine Anschrift.«

»Gut! Ich werde am Donnerstagvormittag um 11 Uhr zu Ihnen kommen. Ist es Ihnen recht so?«

Als Mary aber zur angegebenen Zeit an die Tür im Kellergeschoß des großen Reihenhauses klopfte, mußte sie mehrere Minuten warten, bis ihr Eileen, noch im Nachthemd, öffnete. »Kommen Sie herein, Kapitänin!« sagte sie gähnend und führte Mary durch einen langen Korridor in ein Zimmer, in dem eine fürchterliche Unordnung herrschte. Das Bett war noch nicht gemacht. Überall lagen Kleidungsstücke herum, und auf dem Tisch standen volle Aschenbecher. Mary nahm sich einen Stuhl, auf dem alte Zeitschriften lagen, setzte sich und sagte:

»Sie können sich ruhig wieder ins Bett legen, Eileen, und sich von dort aus mit mir unterhalten. Ich wüßte gern alles, was Sie erlebt haben, seit Sie die Erziehungsanstalt verlassen haben. Soviel ich mich erinnere, erhielten Sie ein gutes Zeugnis, und Ihre Mutter und Schwester holten Sie ab und nahmen Sie mit nach Hause. Was geschah dann?«

»Gleich nach meiner Heimkehr lernte ich einen jungen Mann kennen und heiratete ihn«, erzählte Eileen bereitwillig. »Aber die Ehe dauerte nicht lange. So packte ich meine Sachen und ging nach London. In einem Nachtklub lernte ich einen Neger kennen, der dort ›Rausschmeißer‹ war. Er nahm mich mit in seine Wohnung, war sehr gut zu mir und sorgte für mich. Dann kamen die ersten Rechnungen: elektrisches Licht, Miete und so weiter. Er sagte, er wisse nicht, wie er sie bezahlen solle.

›Du könntest das Geld leicht verdienen, wenn du ein bis zwei Stunden auf die Straße gehen würdest‹, sagte er, und so ging ich. Aber nach und nach wurde er immer habgieriger, und wenn ich nicht genug Geld brachte, gab es Ärger. Schließlich sagte ich, ich wollte nicht mehr für ihn auf die Straße gehen. Da sperrte er mich drei Tage lang ein und gab mir nichts zu essen. So mußte ich wieder gehen. Aber als ich wieder einmal nicht genug verdient hatte, wurde er so wütend, daß er mich an der Kehle packte. Ich hatte wirklich Angst, er würde mich töten. Als er mich losließ, rannte ich aus dem Haus und zur Polizei. Sie sahen die Würgemale an meinem Hals und verhafteten ihn. Ich mußte vor Gericht gegen ihn aussagen, und er bekam zwei Jahre. Aber ich glaube, ich war den andern Mädchen gegenüber nicht fair.«

»Warum? Was hatte das mit den andern Mädchen zu tun?«

»Oh, sie haben es nicht gern, wenn die Leute erfahren, was bei uns los ist. Sie haben Angst.«

»Angst wovor?«

»Vor ihren eigenen Zuhältern. ›Wenn du das bei mir versuchst, mußt du es büßen!‹ sagen ihre Zuhälter und geben ihnen schon mal eine Kostprobe von dem, was sie dann erwartet. Nein, den Mädchen gegenüber war es nicht fair von mir.«

»Und trotzdem haben Sie dieses Leben weitergeführt?«

Eileen nickte.

»Ja, es ist immerhin leichtverdientes Geld, Kapitänin. Aber was man alles dabei erlebt! Da kam einmal ein Bursche in mein Zimmer, den ich nicht mochte. Als ich ihm das sagte, wurde er eklig und schloß die Tür zu. Huh! Wir haben uns geprügelt. Und schließlich ergriff ich einen Stuhl, schlug das Fenster ein und fing an zu schreien. Da mußte er mich gehen lassen . . .«

Eileens Augen glühten, und sie sah Mary mit lausbübischem Grinsen an, als sie fortfuhr:

»In Strümpfen bin ich aus dem Zimmer gerannt, kann ich Ihnen sagen . . .«

Es machte ihr offensichtlich Spaß, diese aufregende Geschichte zu erzählen und sie – jetzt aus sicherer Entfernung – noch einmal zu erleben.

Mary wechselte das Thema.

»Und wie geht es Ihrer armen alten Mutter?« fragte sie vorwurfsvoll.

»Oh, ich fahre hin und wieder zu ihr. Sie hat es nicht gern, daß ich auf die Straße gehe, aber . . .«

»Es ist furchtbar, daß sie sich solch ein Leben ausgesucht hat«, sagte Eileens Mutter traurig, als Mary sie besuchte. »Aber wir können nichts dagegen tun. Wir schämen uns so . . . Sie versucht auch gar nicht zu verbergen, was sie ist. Sie nennt sich ganz offen eine Professionelle.«

Mary mußte an das denken, was Majorin Jackson einmal zu ihr gesagt hatte, als sie völlig niedergeschlagen von einem Kursus in einem Entbindungsheim für ledige Mütter zurückgekommen war.

»Scott, Sie müssen der Sünde ins Gesicht sehen, sie anstarren! Sie müssen sie als das Böse erkennen, das sie ist. Und dann müssen Sie gehen und etwas dagegen tun!«

Der Sünde ins Gesicht sehen! Das tat sie jetzt – und sie war entsetzt über das, was sie sah. Aber Gott hatte sie gerufen, und sie wußte, daß dies die Arbeit war, die er ihr zugedacht hatte. Sie mußte der Sünde weiterhin ins Gesicht sehen, wenn sie da sein wollte, wo sie dem Sünder helfen konnte.

Doch es war auch noch etwas anderes nötig, und der Gedanke daran trieb sie auf die Knie.

»O Gott«, betete sie, »hilf mir, daß das, was ich sehe und höre, nicht mein eigenes Herz befleckt! Nur wenn ich selbst rein bleibe, kann ich andern helfen. Herr, ich tue diese Arbeit um deinetwillen. Ich vertraue dir, daß du mich mitten in allem Schmutz rein erhältst.«

2. Standort in Sicht

Mary stand auf dem Bahnsteig in Paddington, wo gerade die Passagiere eines Zuges ausstiegen. Sie wartete auf Kapitänin Ruth Hood, die mit ihr zusammen die Mitternachtsstreife übernehmen sollte. Kurze, kalte Windstöße drangen durch ihren steifen Stehkragen und schlugen gegen ihre Knöchel, so daß sie erschauerte. Sie war dankbar, als sie eine Heilsarmee-Schute in der Menschenmenge auf- und niederschaukeln und auf sich zukommen sah.

»Willkommen in London, Ruth!« sagte sie, die Hand ausstreckend. »Komm, laß mich deinen Koffer tragen!«

»Danke! Er ist aber sehr schwer! Wie schön, dich wiederzusehen, Mary!« erwiderte Ruth, während sie zur Untergrundbahn gingen. »Ich habe ein bißchen Angst vor dieser Aufgabe und bin sehr froh, daß ich mit dir zusammenarbeiten kann.«

»Mir geht es ebenso. Es ist fein, daß wir uns schon vom Ledigenheim in Cardiff her kennen«, antwortete Mary. »Wenn wir nur erst ein Haus hätten, um richtig mit der Arbeit anfangen zu können!«

»Du hast also noch nichts Passendes gefunden?« fragte Ruth, als sie im Zug saßen.

»Leider nicht! Ich habe mir Etagenhäuser, Einzelhäuser, alte Lagerräume und alles, was du dir denken kannst, angesehen, aber es war nichts Geeignetes dabei. Was wir brauchen, ist ein Häuschen in der Nähe eines größeren Bahnhofs, aber nicht zu weit von Picadilly und Soho entfernt.«

»Warum in der Nähe eines größeren Bahnhofs?«

»Da kommen die Mädchen, die zu Hause durchgebrannt sind, spät abends an, um ihr Glück in London zu versuchen. Wenn wir sie erwischen können, ehe sie das erste Mal auf dem Strich waren, können wir vielleicht einige vor diesem furchtbaren Leben bewahren. Gott muß irgendwo ein Haus für uns haben. Im Heilsarmee-Heim in Camberwell, wo wir jetzt wohnen, beten wir jeden Tag darum. Gott wird unser Gebet zur rechten Zeit erhören. Inzwischen werden wir weitersuchen und unser möglichstes tun, um uns mit den Straßenmädchen bekannt zu machen. Wir wollen, sooft wir können, ins Londoner Westend gehen. Um 24 Uhr 30 können wir dann mit dem letzten Bus von Westminster zurückfahren.«

Tag für Tag gingen sie nun auf die Suche nach einem Haus, nahmen an Gerichtssitzungen teil und liefen abends bis nach Mitternacht durch die Straßen. Und Tag für Tag knieten sie vorher mit der Hausmutter in deren kleinem Büro nieder und baten Gott um seinen Segen und besonders darum, daß er ihnen das richtige Haus für ihre Arbeit schenken möchte.

Sie wollten sich einem örtlichen Korps anschließen und den Sonntagsgottesdienst besuchen. Da sie im Herzen Londons wohnen und arbeiten wollten, beschlossen sie, auch dort zum Gottesdienst zu gehen. Die Regent Hall war der passende Ort. Sie lag am Oxford Circus und war seit mehr als neunzig Jahren der Mittelpunkt eines großen, blühenden Korps. Da dort eine Gruppe zuverlässiger, tatkräftiger Heilsarmee-Angehöriger und eine ständig wechselnde Gemeinde von Passanten, Touristen und von der Gesellschaft Verstoßenen ein- und ausgingen, waren Mary und Ruth sicher, daß sich Prostituierte dort nicht befangen fühlen würden. In vergangenen Tagen hatten sich hier Menschen bekehrt und ein neues Leben angefangen, warum sollte es in Zukunft anders sein? So gingen Mary und Ruth sonntags in die Regent Hall. Und hier hatten sie ein Gespräch, das dazu führte, daß sie genau das fanden, was sie suchten.

»Kapitänin Scott«, sagte ein Offizier der Red Shield Services (Soldaten-Mission der Heilsarmee) eines Sonntags zu Mary, »haben Sie schon einmal daran gedacht, am späten Abend zum Kings-Cross-Bahnhof zu gehen? Dorthin kommen immer viele und meist noch sehr junge Mädchen, und ich habe mir oft gewünscht, daß etwas für sie getan würde. Sie sind auch eine ständige Versuchung für die jungen Soldaten im Wehrdienst, die zum Urlaub oder an einem freien Tag nach London kommen.«

Mary kannte den Offizier, dessen Aufgabe es war, sich um die Männer im Wehrdienst zu kümmern, und der in der Nähe des Kings-Cross-Bahnhofs eine Kantine für sie leitete.

»Vielen Dank, daß Sie mir das gesagt haben«, erwiderte sie. »Wir werden sobald wie möglich dorthin gehen.«

Nachdem sie eines Abends mit Ruth Hood durch das Westend gelaufen waren, nahmen sie in Oxford Street einen Bus, der sie sehr schnell an ihr Ziel führte.

Der Kings-Cross-Bahnhof lag etwas von der Straße zurück und fast völlig versteckt hinter einem Stück Land, das von Baracken und Bauzäunen bedeckt war. Sie liefen drum herum zum Eingang des Bahnhofs und hielten Ausschau nach den Mädchen, um derentwillen sie hergekommen waren. Sie gingen in die Schalterhalle, warfen einen Blick ins Restaurant, schlenderten durch die Wartesäle, stellten sich an die Bahnsteigsperren, aber kein einziges Mädchen war zu sehen. Sie wollten sich gerade umdrehen und weggehen, als ein Gepäckträger auf sie zukam und freundlich fragte:

»Suchen Sie das Haus des Majors von der Soldaten-Mission?«

»Nein, nicht direkt«, erwiderte Mary. Es schien ihr nicht der richtige Augenblick zu sein, von ihrem wirklichen Auftrag zu sprechen, und so fragte sie: »Aber wo ist es denn?«

»Dort drüben!« sagte der Gepäckträger und deutete auf das Gewirr von Baracken und Bretterzäunen. »Der Major wird aber nicht mehr lange dort wohnen. Ich habe gehört, daß er bald wegzieht.«

Mary und Ruth liefen an Taxis und Gepäckkarren vorbei in die Richtung, die ihnen der Mann gezeigt hatte.

»Wir können uns das Haus ja einmal ansehen, da wir nun schon hier sind«, sagte Mary, und gleich darauf brachen beide in Rufe des Entzückens aus. Da stand ein kleines Haus, das aussah, als habe man es aus einer Gartenvorstadt geholt und zwischen die Bauzäune gestellt – wie ein Puppenhaus, das auf eine Müllkippe geworfen worden war. Die Farbe an der Haustür war abgeblättert und eins der Fenster mit Brettern vernagelt, aber das hinderte Ruth nicht, auszurufen:

»Was für ein reizendes Häuschen!«

»Und was für eine wunderbare Lage es hat!« sagte Mary nachdenklich. »Direkt neben dem Bahnhof, nur zehn Minuten Fahrt von Soho entfernt, und doch weit genug weg vom Nachtleben Londons, um Mädchen hierherzubringen. Oh, es ist genau das, was wir brauchen! Ich möchte zu gern wissen, was daraus wird, wenn die Soldatenmission es aufgibt.«

Am nächsten Morgen, als sie mit der Hausmutter zusammen Andacht hielten, wußten sie genau, um was sie beten wollten. Sie hatten etwas gesehen, was besser war, als sie es sich geträumt hatten, und sie baten Gott, es ihnen zu schenken. Dann rief Mary Kommissarin Davies an.

»Was wird aus dem kleinen Haus am Kings-Cross-Bahnhof, wenn die Soldatenmission es aufgibt?« fragte sie. »Es wäre ganz ideal für unsre Arbeit.«

»Es ist der Bahnhofsdirektion angeboten worden«, erwiderte Emma Davies. »Ich kenne dieses Häuschen auch. Eine große Firma hat es als Vorführungshaus gebaut, und es war bis zum Zweiten Weltkrieg ein gutes Werbeprojekt. Als dann unsre Soldatenmission eine Wohnung für den Leiter der Kantinenarbeit an Bahnhöfen brauchte, haben wir es von der Firma übernommen. Jetzt, wo kaum noch Kantinen gebraucht werden, ist es wieder frei geworden.«

»Kommissarin Davies«, sagte Mary, »ich könnte mir kein besseres Haus für unsre Arbeit denken. Würden Sie es für uns erwerben?«

Emma Davies schwieg einen Augenblick.

»Ich selbst hatte es nicht für geeignet gehalten«, sagte sie dann. »Wenn Sie es aber haben möchten, will ich sehen, was ich tun kann. Wie ich schon sagte, ist es der Eisenbahndirektion angeboten worden . . . Beten Sie weiter, Kapitänin Scott! Sobald ich Näheres weiß, gebe ich Ihnen Bescheid.«

Ein paar Tage später rief die Kommissarin an.

»Ihre Gebete sind erhört worden, Kapitänin Scott«, sagte sie mit ihrer vollen, warmen Stimme. »Ich hatte mich mit der Soldatenmission in Verbindung gesetzt und erfuhr eben, daß das Angebot an die Bahn zurückgezogen worden ist. Sie können das Haus haben und die Möbel dazu! Lassen Sie mich wissen, ob Sie noch irgend etwas brauchen. Gott segne Sie!«

Dieses kleine Haus bezugsfertig zu machen, war eine der schönsten Aufgaben in Marys Leben. Die Tapeten hingen von den Wänden, und das ganze Haus war eine Art Möbelabladeplatz geworden, ebenso wie der Schuppen nebenan, der voller Gerümpel stand. Aber hier erwies sich Ruth Hood als die geborene Heimwerkerin. Als die Reparaturen im Haus fertig waren und die neuen Tapeten an den Wänden klebten, wühlte sie zwischen den aufgestapelten alten Stühlen, Schreibtischen, Tischen und Kommoden, um immer wieder triumphierend etwas herauszuholen, was gebraucht werden konnte.

»Hier ist ein Stuhl, der noch alle vier Beine hat und auch gar nicht wackelt!«

»Dieses Büfett ist bestimmt nicht schlecht, wenn wir es lackieren . . . und hier ist noch ein guter Stuhl!«

»O Mary, komm und sieh, was ich gefunden habe! Dieses wunderschöne Bücherregal! Sieh, man kann es drehen!«

Dieses drehbare Bücherregal war ein besonders kostbarer Fund, und sie stellten eine Vase mit Iris darauf, die ersten Blumen in einem Wohnzimmer mit goldfarbenen Vorhängen, einem polierten Tisch und einem Kamin, in dem ein lustiges Feuer brannte. Es sah so sauber, warm und freundlich aus, dieses einzige eigene Heim, das Mary jemals gehabt hatte. Seit sie sich der Heilsarmee angeschlossen hatte, hatte sie immer in Anstalten gewohnt und sich auch immer in den Wohnräumen der Heimleitung wohlgefühlt. Aber dieses kleine Haus war anders. Hier gab es keine festgesetzte Routine. Zu jeder Zeit konnten Gäste hereingebeten und mit einer Tasse Tee und einem Butterbrot aus der kleinen grün-und-gelben Küche bewirtet werden.

Sie nannten es »Glaubenshütte« und zogen am 12. April 1956 ein. Ehe sie an diesem Abend in ihre Schlafzimmer hinaufgingen, knieten sie nieder und beteten:

»O Gott, wir danken dir, daß du uns dieses Heim gegeben hast. Segne es, und segne alle, die hereinkommen! Möge es ein Hafen, eine Zufluchtsstätte für einige dieser Mädchen werden!« Diese Mädchen . . . diese Mädchen der Nacht . . .

Mary hatte schon eine Menge über sie erfahren.

Es gab soziale Unterschiede zwischen den Prostituierten, die an den Straßen standen und auf Männer warteten. Die von Bayswater Road fuhren mit ihren Kunden in Taxis zu ihren kleinen Wohnungen in Paddington oder in Hotels, wo keine Fragen gestellt wurden. Die in Mayfair standen, elegant gekleidet waren und ihre Schlüssel baumeln ließen, fuhren zu ihren eigenen, teuren Appartments. Die Soho-Mädchen mieteten trostlose kleine Zimmer in Kellergeschossen oder dunklen Gassen, von denen aus sie morgens im Taxi in ihre eigenen Wohnungen fuhren. Und im Hyde Park betrieben die Mädchen, die weder ein Appartment noch solch ein kleines Zimmer hatten, ihr Gewerbe im Gebüsch.

»Wie sind Sie hierhergekommen?« fragte Mary ein Mädchen im Hyde Park, ein hübsches Mädchen, das die Frauen in der Heilsarmee-Uniform freundlich anlächelte. Es war nicht Marys Art, solche Fragen zu stellen; denn sie wußte, daß die Geschichten, die daraufhin erzählt wurden, meist sehr frisiert waren. Aber bei diesem offensichtlich noch sehr jungen Mädchen hatte Mary den Eindruck, daß sie die Wahrheit erfahren würde.

»Ich will es Ihnen gern erzählen«, sagte es bereitwillig. »Ich bin in Süd-Irland geboren. Als ich noch ganz klein war, kam eines Tages eine Bekannte, die sich in London eine Stelle gesucht hatte, zum Urlaub in unsre Stadt zurück. Sie sah so schick aus und hatte so viel Geld, daß ich dachte: Wenn ich erwachsen bin, gehe ich auch nach London. So sagte ich bei ihrem nächsten Urlaub zu ihr: ›Ich wollte, ich könnte auch nach London gehen.‹ Und sie sagte: ›Wenn du willst, kannst du mit mir kommen. Ich werde bestimmt einen Job für dich finden, mit dem du viel Geld verdienst.‹ So ging ich mit ihr, und sie nahm mich mit in ihre Wohnung. Dort erklärte sie mir, was es für ein Job ist.« Das Mädchen zuckte mit den Achseln und fuhr fort: »So hat sie mir alles gesagt und mich in den Job eingeführt, und so bin ich eben hier.«

»Und wo wohnen Sie?«

»Oh, ich wohne noch bei ihr. Wir kommen ganz gut miteinander aus. Natürlich muß ich nachts fortgehen, während sie die Wohnung benutzt.«

Mary schüttelte den Kopf und sagte ernst:

»Sie wissen doch bestimmt, daß Gott weder Ihnen noch einem anderen Mädchen ein solches Leben zugedacht hat. Er hat etwas Besseres mit Ihnen vor.«

Das Mädchen lächelte und zuckte wieder mit den Achseln.

»Wenn Sie einmal aus diesem Leben herauswollen, rufen Sie mich an! Ich werde Ihnen helfen. Hier ist meine Telefonnummer.«

Das war alles, was sie im Augenblick tun konnte. Die Tür war offen, die Hand ausgestreckt. Wenn sie aber nicht angenommen wurde . . .

»Gute Nacht! Denken Sie daran: Ich bin dazu da, um Ihnen zu helfen, wenn Sie mich brauchen.«

»Gute Nacht, Kapitänin! Vielen Dank auch! Vielleicht . . . eines Tages . . .«

Mary war nicht entmutigt. Daß bei dieser Arbeit schnelle Erfolge erzielt wurden, war unwahrscheinlich. Für alles, was aufgebaut wurde, mußte zuerst der Grund gelegt werden. Und das bedeutete in ihrem Fall, daß sie die Mädchen und die Mädchen sie erst einmal kennenlernen mußten. Von der »Glaubenshütte« aus konnten sie nun die Mitternachtsmission unter den Prostituierten mit allem Ernst betreiben.

Die Streife begann jeden Abend damit, daß sie um 21 Uhr 30 mit einem Bus nach Marble Arch fuhren. Von da gingen sie die Bayswater Road mit ihren hohen Häusern und großen Hotels hinunter, wieder zurück auf den dunklen Wegen des Hyde Park und hinüber zur Park Lane. Dann gingen sie durch die hellerleuchteten Straßen des vornehmen Mayfair über den malerischen Shepherds Market nach Piccadilly und tauchten schließlich in dem ziemlich unheimlichen, finsteren Labyrinth von Sohos Straßen und Gassen unter. Wenn sie langsam und ohne stehenzubleiben gingen, brauchten sie etwa drei Stunden. Sie opferten aber gern mehr Zeit, wenn Mädchen oder Frauen auf ihr freundliches »Guten Abend« reagierten und ihnen Gelegenheit gaben, mit ihnen zu sprechen. Vielleicht konnten sie durch irgendein Wort den Wunsch nach einem besseren Leben in ihnen wecken.

In diese Gespräche stiegen sie sehr vorsichtig ein – mit Bemerkungen über das Wetter oder Äußerungen wie: »Ich habe Sie gestern abend gar nicht gesehen.« Sie wußten auch, daß es in Mayfair nur wenige der gut gekleideten Mädchen wagen würden, sie anzusprechen, selbst wenn sie es gern getan hätten. Es waren die sogenannten »Messina-Mädchen«, die für die Zuhälterbande der Brüder Messina arbeiteten. Diese hatten sich in den 30er Jahren von Malta her ins Land geschlichen und in London durch ihr lasterhaftes Leben und Treiben öffentliches Ärgernis erregt. Im Leitartikel einer Sonntagszeitung waren ihre Methoden aufgedeckt und sogar authentische Bilder der Häuser gebracht worden, in denen ihre Mädchen arbeiten mußten. Ein Bild zeigte Eugenio Messina, den man in London den »Laster-König« nannte, in seinem Rolls Royce. In den vierziger Jahren hatte er eine Gefängnisstrafe von etwa drei Jahren abgesessen, aber das hinderte ihn nicht, sobald er entlassen war, das inzwischen angesammelte Geld der Prostituierten, die für ihn arbeiteten, zu kassieren. Denn die Brüder Messina mit ihren Vettern, den De Bonos, waren eine gut organisierte Bande. Eugenio Messina hatte dann festgestellt, daß London nicht der richtige Ort für ihn war, und hatte sich seit ein paar Jahren auf dem Kontinent niedergelassen. Sein Geschäft führte er aber fort, indem er dort unter den verschiedensten Vorwänden Mädchen anwarb, die dann in den Straßen Londons auf den Strich gehen mußten. Diese Mädchen wurden ständig von Männern beobachtet und bewacht, die langsam in Autos umherfuhren, um sich zu versichern, daß sie bei ihrem Job blieben und nicht persönliche Bekanntschaften pflegten. Zumeist standen die Messina-Mädchen in ihren teuren Pelzen und kostbaren Juwelen etwas für sich auf den Bürgersteigen und sahen durch die Heilsarmee-Offizierinnen hindurch, als existierten sie gar nicht. Aber im Lauf der Monate hatte Mary manchmal Gelegenheit, einen Zettel mit ihrer Telefonnummer in die Hand der einen oder der anderen von ihnen zu schieben, mit der Bemerkung: »Sie können mich telefonisch erreichen, wenn Sie mich brauchen«.

Wenn Mary und Ruth auch in Mayfair selten stehenblieben, um mit jemand zu sprechen, so konnten sie das doch häufig an anderen Orten tun, und sei es auch nur, um lächelnd auf die Zurufe von Mädchen zu antworten, die hinter ihnen herriefen:

»Warum gehen Sie nicht auch auf den Strich?«

Sie ließen es sich niemals anmerken, wenn sie über das, was sie sahen und hörten, entrüstet waren; und wenn ihnen gemeine oder beleidigende Worte ins Gesicht geschleudert wurden, hatten sie ihre Antwort bereit: »Gott befohlen!« und gingen weiter. Es ist nicht leicht, mit Leuten, die so etwas sagen, Streit anzufangen.

Es fiel Mary schwer, über ihr eigenes inneres Leben oder über das anderer zu sprechen. Diese angeborene Zurückhaltung hinderte sie auch, andere anzupredigen. »Gott will nicht, daß Sie ein solches Leben führen«, war bei Gesprächen auf der Straße das Äußerste in dieser Richtung. Und auch das sagte sie nur, wenn sie spürte, daß das Eis schon ein wenig gebrochen war. Meistens unterhielt sie sich ganz ungezwungen, in dem Bewußtsein, daß ihre Uniform schon für sie sprach. Wenn die Leute das Evangelium, das die Heilsarmee verkündigte, vielleicht auch gar nicht kannten, so wußten sie doch, daß diese etwas mit Gott zu tun hatte; und deshalb brauchte sie sich auch nicht zu verteidigen oder zu erklären, warum sie um Mitternacht noch auf der Straße herumlief.

Als sich im Lauf der Zeit die kurzen Gespräche immer mehr häuften, war der langsame Spaziergang durch das Londoner Westend oft erst gegen zwei Uhr nachts beendet. Dann fuhr kein Bus mehr, und Geld für ein Taxi war auch nicht da. Aber bei diesen Wanderungen durch die nun verlassenen Straßen von Bloomsbury spürte Mary, wie froh diese Aufgabe sie machte. Es würde nun noch eine Stunde dauern, ehe sie zu Bett gehen konnten; denn sie mußten erst noch im Kings-Cross-Bahnhof die Toilettenfrau fragen, ob irgendwelche neuen Mädchen aufgetaucht waren. Das war der Mühe wert!

In diesen Monaten ihres neuen Dienstes mußte Mary manchmal an ein Erlebnis denken, das sie gehabt hatte, ehe sie sich für den hauptamtlichen Dienst in der Heilsarmee ausbilden ließ. Damals hatte sie, zusammen mit einigen Heilsarmee-Angehörigen, einen notorischen Trunkenbold aus dem Gottesdienst nach Hause gebracht und mit Entsetzen das furchtbare Herzeleid gesehen, das dieser Mann über seine Familie gebracht hatte. Auf dem Heimweg in ihre Wohnung hatte sie immer wieder an den verzweifelten Gesichtsausdruck der armen Frau und an die weinenden Kinder denken müssen, und ein großes Mitleid war über sie gekommen. Da war ihr plötzlich gewesen, als berühre eine Hand ihre Schulter und als höre sie eine Stimme sagen: »Das ist die Arbeit, die ich dir zugedacht habe.«

Sie hatte damals noch nicht gewußt, was das bedeutete und wie ihre Aufgabe konkret aussehen würde, aber sie hatte verstanden, daß ihr Herr und Meister zu ihr gesprochen hatte. Er hatte in der Heilsarmee eine Aufgabe für sie, die nicht mit Erfolg, sondern mit Versagen, nicht mit Gesundheit und Glück, sondern mit Elend und Schande verbunden war. Jetzt war es so weit, daß sie diese Aufgabe ausführte – und das machte sie froh und zufrieden.

Eines Abends, kurz nachdem Mary und Ruth ihre Mitternachtsstreife begonnen hatten, kam ein Polizist auf sie zu und sagte leise:

»Dort drüben steht ein junges Mädchen, das, glaube ich, in Schwierigkeiten ist. Wollen Sie ihr helfen?«

»Ja natürlich!«

Sie blickten über die Straße, wo ein mageres, ärmlich gekleidetes Mädchen mit gesenktem Kopf bewegungslos an einer Hauswand stand.

»Sie ist neu hier«, fuhr der Polizist fort. »Ich habe sie noch nie gesehen. Da läuft aber auch ein junger Bursche herum, der sie wahrscheinlich auf die Straße geschickt hat. Er bleibt immer in ihrer Nähe und behält sie im Auge. Sie sind zusammen hergekommen. Wenn ich jetzt hinübergehe und das Mädchen wegen Belästigung verwarne, würden Sie sich dann für die Nacht um sie kümmern? Ich werde den jungen Burschen mit einigen Fragen aufhalten, bis Sie mit ihr fortgegangen sind. Ich weiß, daß sie bei der Heilsarmee gut aufgehoben ist.«

»Gott sei Dank für die Uniform!« flüsterte Mary ihrer Kameradin zu, während der Polizist auf das Mädchen zuging. Es sah erschreckt auf und warf ängstliche Blicke zu einem jungen Mann hinüber, der auf den Fersen kehrtmachte und davonzuschlendern begann. Der Polizist ließ es stehen und lief gemessenen Schrittes hinter ihm her, während Mary und Ruth es freundlich begrüßten.

»Ein Mädchen sollte nicht zu so später Stunde allein hier herumlaufen«, sagte Mary. »Meinen Sie nicht, daß Sie lieber nach Hause gehen sollten!«

»Ich – ich bin mit meinem Freund zusammen . . .« stotterte sie.

»Ist das der junge Mann, mit dem der Polizist dort spricht? Sie wissen doch sicher, daß Sie in Schwierigkeiten geraten, wenn Sie nicht vorsichtig sind. Wo wohnen Sie?«

»In Watford*.«

»Haben Sie dort Ihre Eltern?«

»Ja.«

Sie sah aus, als wollte sie anfangen zu weinen.

* Watford liegt ganz im Norden Londons.

»Nun hören Sie mir mal zu!« sagte Mary aufmunternd. »Wir begleiten Sie jetzt und setzen Sie in den Zug nach Hause. Das ist hier nicht der richtige Ort für Sie.«

Das Mädchen ging ohne zu zögern mit. Es sah fast erleichtert aus. Und bei der kurzen Unterhaltung auf dem Weg zur Untergrundbahn zeigte sich, daß die Vermutung des Polizisten richtig gewesen war.

»Mein Freund – er sagte, wir könnten ganz leicht Geld verdienen. Ich wollte es nicht, aber er sagte, es würde alles in Ordnung gehen – und – ich liebe ihn.«

Sie gingen mit ihr auf den Bahnsteig und warteten, bis der Zug abgefahren war. Dann setzten sie ihren Rundgang fort.

»Nun, hier kam die Warnung noch zur rechten Zeit«, sagte Mary. »Ich werde an meinem nächsten freien Nachmittag zu ihren Eltern fahren und sie vor diesem jungen Mann warnen. Huh, was tun Mädchen für einen Mann, den sie gernhaben! Und von dem sie denken, daß er sie liebt!«

Dieses Erlebnis zeigte wieder einmal, wie wichtig es war, daß sie jeden Abend, ehe sie sich auf den Weg machten, niederknieten und Gott baten, sie zu beschützen und ihnen durch die Straßen Londons voranzugehen. Es hing so viel davon ab, daß sie zur richtigen Zeit am richtigen Ort waren. Wenn sie ein paar Minuten früher oder später den Platz erreicht hätten, wo der Polizist sie ansprach, hätte das Mädchen aus Watford vielleicht schon den Weg in die zwielichtige Welt betreten gehabt, in der das Gesetz des Dschungels herrscht – und aus der so leicht keiner zurückfindet.

3. Begegnungen in Soho

Von den vierundzwanzig Stunden eines Tages gab es nur etwa zwei, in denen es um die Glaubenshütte herum ruhig war. Das war von zwei bis vier Uhr morgens. Der Bahnhof und die breiten Verkehrsstraßen lagen dann verlassen im grellen Schein der Straßenlampen. Nur der lautlose Lichtwechsel der Verkehrsampeln und die Blinklichter an den Fußgängerüberwegen gaben der leblosen Szene Bewegung und Farbe. Der Verkehrslärm auf der Euston Road war auf das Summen eines gelegentlich vorbeifahrenden Wagens beschränkt, und die beiden Heilsarmee-Offizierinnen waren die einzigen Fußgänger. Aber bald liefen schon wieder die ersten Postzüge ein. Taxis mit frühen Reisenden, Milchwagen und Lieferautos kamen angefahren. Die Gepäckträger begannen mit ihren Karren zu klappern, Lastwagenmotoren heulten auf, die ersten Busse rollten durch die Straßen. Es dauerte nicht lange, bis mehr Züge, mehr Autos und andere Fahrzeuge folgten. Gegen 7 Uhr 30 schwirrte dann der Lärm und der Staub der morgendlichen Hauptverkehrszeit um das kleine Haus.

So brach Woche für Woche, Monat für Monat der Tag an; und was Mary betraf, gewöhnlich ohne sie. Wenn sie nicht vor drei Uhr morgens ins Bett kam, stand sie nicht um 7 Uhr 30 schon wieder auf. Sie brauchte mindestens sechs Stunden Schlaf, um den Anforderungen ihres Berufs gewachsen zu sein, und es gab Tage, da frühstückte sie um 9 Uhr – eine Zeit, zu der sie sonst immer schon gearbeitet hatte.

Die Leute, mit denen sie dienstlich zu tun hatte, brauchten sie auch nicht um halb acht Uhr morgens. Vor 9 Uhr 30 hatte sie keinen Telefonanruf eines Bewährungshelfers zu erwarten, und wenn die Polizei kam, um etwa ein Mädchen zu bringen, das sie auf einem der Bahnhöfe aufgegriffen hatten, war das gewöhnlich erst spät in der Nacht. Das war auch die Zeit, wo manchmal ein Gepäckträger an die Tür der Glaubenshütte klopfte und ein junges Mädchen mit den Worten ablieferte:

»Sie ist neu, Kapitänin! Jedenfalls habe ich sie noch nicht gesehen. Ich habe ihr gesagt, sie solle lieber zu Ihnen gehen. Können Sie sich um sie kümmern?«

Und die Straßenmädchen? Die meisten von ihnen lagen um diese Zeit in den Betten ihrer unaufgeräumten Zimmer, in denen sie den größten Teil des Tages zubrachten, um sich von den Anstrengungen und Aufregungen der Nacht zu erholen. Sie schliefen, lasen Zeitschriften, rauchten, tranken und lagen gähnend und gelangweilt herum, bis der Hunger sie trieb, aufzustehen – der Hunger oder der Wunsch nach neuen Kleidern, um attraktiv auszusehen und das Geld für die Miete zu verdienen.

Die Sorge um das Geld für die Miete belastete die meisten Mädchen schwer. Dieses Thema tauchte immer wieder in den kurzen Gesprächen auf, die Mary mit ihnen hatte.

»Ich muß heute abend so viel verdienen, daß ich meine Miete bezahlen kann. Sonst fliege ich morgen raus.«

»Meine Wirtin hat die Miete fast um das Doppelte erhöht. Sie hat gemerkt, daß ich auf den Strich gehe, und hat heute zu mir gesagt, sie wünsche keine solchen wie mich in ihrem Hause. Wenn sie mich aber trotzdem behalten solle, müsse ich entsprechend bezahlen.«

»Und was denken Sie, was sie für ihre ›Rumpelkammern‹ haben wollen? Zweihundert Pfund für den Schlüssel und wöchentlich zwanzig Pfund obendrein! Man kann glücklich sein, wenn man für eine Nacht in solch einem schmutzigen kleinen Zimmer nur zwei Pfund zu bezahlen braucht. Ja, ja! Auf den Strich zu gehen kostet viel Geld.«

»Warum tun Sie es dann? Warum steigen Sie nicht aus und führen ein normales Leben?« fragte Mary manchmal, obwohl sie nach einiger Zeit schon wußte, wie die Antwort lauten würde: »Was soll ich anderes machen – ein Mädchen wie ich?« Gleichgültigkeit, gemischt mit Trotz oder Hoffnungslosigkeit klang aus dieser Frage. Das Nichtstun am Tag und die Aufregungen in der Nacht hatten sie schon gefangen genommen. Die meisten von ihnen schienen weder den Wunsch noch die Willenskraft zu haben, wieder herauszukommen.

Mary dachte über sie nach, wenn sie in ihrem sauberen kleinen Schlafzimmer in der Glaubenshütte erwachte. Und wenn sie sich gewaschen und angezogen hatte und neben ihrem Bett niederkniete, um sich Weisheit, Kraft und Mut für die Aufgaben der vor ihr liegenden Stunden zu erbitten, schlichen sich ihre Namen in ihr Gebet mit ein.

Florence Brown war einer dieser Namen. Flo, die aus Wales stammte, war in Soho und Piccadilly bereits wohlbekannt. Während des Zweiten Weltkriegs hatte sie im Rang eines Sergeanten bei den »Women's Royal Air Forces« als Stenotypistin gedient, und die Kameradschaft dieser Tage war ihr unvergeßlich.

»Ich war Luftwaffenhelferin!« Mit diesen Worten machte sie sich mit den Soldaten bekannt, die sie bei ihren häufigen Besuchen in den Bars traf. Ihr lebhaftes Gesicht mit der breiten Stirn, von der lockiges braunes Haar voll und kräftig zurückflutete, strahlte dann vor Begeisterung, und sie war zu einem Drink mit jedem bereit, besonders wenn er der Luftwaffe angehörte. Wenn das dazu führte, daß sie durch das älteste Gewerbe der Frau ein bißchen Geld für die Miete verdiente, so war das um so besser. Aber wenn nicht, dann war Flo auch nicht gekränkt. Ein fröhlicher Drink mit einem Soldaten war jedoch schon ein Endzweck – und bald zeigte sich, daß sie nicht mehr ohne Alkohol leben konnte.

»Versuchen Sie, Flo zu finden!« sagte man zu Mary, als sie mit der Mitternachtsstreife begann. »Sie ist etwa dreißig Jahre alt und sieht immer recht ordentlich aus, auch wenn sie betrunken ist. Tun Sie, was Sie können, um ihr zu helfen! Sie ist gut auf die Heilsarmee zu sprechen.«

Und das war sie! So reserviert, spöttisch oder voreingenommen die andern Prostituierten gelegentlich sein mochten, wenn Flo nach der Polizeistunde vor einer Bar stand – bis dahin war sie immer drin – und die Heilsarmee-Offizierinnen auf sich zukommen sah, war sie immer zu einem Lächeln und einem freundlichen »Guten Abend« bereit. Falls sie nicht anderweitig beschäftigt war, hielt sie gern einen kleinen Schwatz. Sie schrieb sich auch die Adresse der Glaubenshütte auf. Ja, sie wüßte schon, wohin sie gehen würde, wenn sie einmal Hilfe brauchte . . .

Mary begegnete Flo auch von Zeit zu Zeit im Gerichtssaal, wo die Prostituierten, deren Einkommen im übrigen steuerfrei war, ein- oder zweimal im Monat eine Geldbuße von zwei Pfund zu bezahlen hatten. Das gehörte, neben der Miete, zu ihren Lebenshaltungskosten und wurde von allen ganz gelassen hingenommen. Wenn daher Flo eine aus der Reihe der Prostituierten war, die innerhalb einer Minute von dem Richter abgefertigt wurden, antwortete sie ruhig und sachlich auf die Frage:

»Florence Brown, Sie sind der Belästigung auf der Dean Street in der Nacht zum 12. Juni angeklagt. Schuldig oder unschuldig?«

»Schuldig, mein Herr.«

»Zwei Pfund Strafe.«

Und wie die übrigen bezahlte sie mit gleichmütiger Miene. Wenn sie jedoch wegen Trunkenheit und ungebührlichen Betragens angeklagt war, konnte sie auch ganz anders sein. Dem Polizisten gegenüber warf sie trotzig den Kopf zurück und dachte gar nicht daran, sich schuldig zu bekennen. Dem Richter warf sie sanfte Blicke gekränkter Unschuld zu, und im Zimmer des Bewährungshelfers machte sie schließlich ihrer Empörung Luft. Die temperamentvolle Flo war bei allen beliebt. Sie brachte Farbe in die oft eintönigen Gerichtsverhandlungen und ließ sich von niemand einschüchtern. Sie besaß eine Selbstsicherheit und einen Mut, die sogar bei denen, die ihre Lebensweise mißbilligten, Bewunderung erregten.

Was für ein gutes Beispiel würde sie mit ihrem Großmut und ihrer Warmherzigkeit geben können, wenn sie ein neues Leben mit Gott anfangen würde, ehe Trunksucht und Unmoral ihr das Verlangen danach raubten! Mary betete fast täglich darum.

Der Name eines anderen Mädchens, das sie Gott im Gebet brachte, war Colleen. Ihr Liebreiz hatte Marys Herz gewonnen, als sie sie an einem schwülen Augustabend in Piccadilly sah. Mehr Leute als gewöhnlich bummelten die hell beleuchtete Straße am Green Park entlang: Pärchen gingen Arm in Arm; kleine Touristengruppen waren da, die noch keine Lust hatten, in ihre stickigen Hotels zurückzukehren, sowie die einsamen Menschen der Nacht. Plötzlich kam ein großes, gutgekleidetes schlankes Mädchen mit kastanienbraunem Haar auf Mary zugewankt, ein unsicheres Lächeln im Gesicht.

»Schwester, Sie sind bestimmt empört über mich!« sagte sie. Trotz des angetrunkenen Zustands strahlte sie Charme aus, sodaß Mary sie ebenfalls anlächelte und erwiderte:

»Wer sagt denn, daß ich empört sei? *Ich* nicht!«

Sie war es gewöhnt, von den irischen Mädchen mit »Schwester«

angeredet zu werden, und der Akzent dieses Mädchens deutete auf Süd-Irland.

»Aber was machen Sie denn so spät hier?« fuhr sie ungezwungen fort, obwohl sie fast nicht daran zweifelte, daß sie es mit einer Prostituierten zu tun hatte. »Wie heißen Sie? Sie kommen aus Irland, nicht wahr?«

»Ja, und ich heiße Colleen. Ich will ein bißchen Geld verdienen, Schwester«, erwiderte sie unbefangen. »Für mein Baby!«

»Oh, Sie haben ein Kind? Wie alt ist es?«

»Vier Monate. Es ist ein kleiner Junge. Ich kann mich nicht selbst um ihn kümmern, und so habe ich ihn in Pflege gegeben. Die Frau ist sehr nett zu ihm. Sie wohnt auf dem Lande. Aber sie will vier Pfund wöchentlich haben, und vier Pfund brauche ich für meine Miete, von allen anderen Unkosten ganz zu schweigen . . . Da muß man auf möglichst einfache Weise Geld verdienen, nicht wahr?«

Mary sah Colleen nach dieser ersten Begegnung häufig wieder, und bei den kurzen Gesprächen, die sie auf der Straße führten, erwähnte Colleen eines Tages den Namen Ned. Ned war ein junger amerikanischer Flieger, den sie bei einer Party kennengelernt hatte und der sie gern heiraten wollte. »Er weiß alles über mich und mein Baby, und er sagte, er will es adoptieren, wenn ich ihn heirate. Er ist sehr verliebt in mich und auch sehr nett.«

Sie zeigte Mary einige seiner Briefe, die diese aufmerksam las. Ned, der jetzt wieder in den USA war, schickte Colleen laufend Geld für sie und ihr Kind und schien auch regelmäßig zu schreiben, ob Colleen antwortete oder nicht. Mary fragte sie, warum sie ihn nicht heiraten wolle. Ein Mann, der so an ihr hing, würde ihr doch das Heim und die Geborgenheit bieten, die sie brauchte. Aber Colleen wich aus. Sie glaube nicht, daß sie ihn liebe, und sie glaube nicht, daß sie nach Amerika wolle. Sie erzählte zwar nichts davon, aber es wurde bald offenbar, daß sie mit seinen Landsleuten ein zügelloses Leben führte. Sie hielt es nicht für nötig und besaß nicht die Willenskraft, auf eine Lebensweise zu verzichten, die, solange sie noch jung und gesund war, nur wenig Probleme bot.

»Die Zeit wird kommen, wo Sie das alles satt haben werden«, sagte Mary warnend zu ihr. »Wenn es soweit ist, setzen Sie sich mit mir in

Verbindung! Ich werde tun, was ich kann, um Ihnen zu helfen.«

So gingen Mary und Ruth Nacht für Nacht langsam und stetig durch die Straßen. Die kurzen Gespräche wurden häufiger, als die Prostituierten merkten, daß sie nicht von den beiden Heilsarmee-Offizierinnen verachtet oder angepredigt wurden.

»Ich bin bei der Heilsarmee in die Sonntagsschule gegangen, als ich klein war«, erzählte eine von ihnen. »Da spielte auch immer eine Kapelle. Das war lustig. Und sie haben auch gesammelt. Oh – !« Sie griff plötzlich nach ihrer Handtasche. »Vielleicht sammeln Sie auch?«

»Nein, nein, das ist nicht unsre Aufgabe«, wehrte Mary schnell ab. »Wir laufen nur durch die Straßen.«

Aber in der Selbstverleugnungs-Woche, in der alle Heilsarmee-Angehörigen sammeln, hatten auch sie eine Büchse bei sich. Als sich Mary eines Abends mit einer unauffällig gekleideten jungen Prostituierten unterhielt, trat ein Mann auf sie zu und murmelte: »Entschuldigen Sie, Kapitänin!« und steckte eine Münze in die Büchse.

»Oh!« Das Mädchen öffnete eifrig ihre Handtasche. »Daran hatte ich gar nicht gedacht. Warten Sie . . . !« Sie suchte nach einem Geldstück.

Unwillkürlich zog Mary die Büchse zurück.

»Nein, nein!« Die Worte erstarben auf ihren Lippen. Das Gesicht des Mädchens hatte sich verändert. An Stelle des freundlichen Lächelns war ein Ausdruck der Enttäuschung, gemischt mit Scham und Kummer getreten.

»Sie wollen nichts haben, weil ich eine Prostituierte bin«, sagte sie leise und wollte ihre Tasche wieder schließen.

Da fuhr es Mary plötzlich durch den Sinn:

»Jesus sagte zu der Samariterin: ›Gib mir zu trinken!‹« Er war bereit, einen Becher Wasser von einer Frau der Straße anzunehmen. Er besaß die Güte und Freundlichkeit, nicht nur zu geben, sondern auch zu empfangen . . .

Schnell hielt sie dem Mädchen die Büchse hin.

»O bitte!« sagte sie. »Wenn Sie es gern möchten . . .«

»Ich möchte es gern!«

Die Münze fiel mit leisem Klirren in die Büchse, und Mary und das Mädchen sahen sich lächelnd an.

»Danke sehr!« sagte Mary.

»Auf Wiedersehen, Kapitänin!«

Mary ging weiter. Sie hätte nicht erklären können, warum es so war; aber irgendwie fühlte sie, daß sie ein tieferes Verständnis für das große Mitleid, das ihr Herr immer wieder zeigte, erlangt hatte. Sie verstand ein wenig besser, was er empfunden haben mußte, wenn er diese Frauen ansah.

Bei ihren nächtlichen Rundgängen kam es auch vor, daß eine ältere Prostituierte sie anhielt und ihr zuflüsterte:

»Sehen Sie das Mädchen dort drüben? Sie ist noch neu. Versuchen Sie sie zurückzuhalten, ehe es zu spät ist!«

»Gut! Vielen Dank für Ihren Hinweis! Aber −«, Mary sah die Frau forschend an, »aber wie ist es mit Ihnen? Haben Sie dieses Leben nicht satt?«

»Oh, machen Sie sich keine Sorgen um mich! Ich bin schon zu lange in diesem Beruf, um ihn jetzt noch wechseln zu können. Aber sie ist jung, hat gerade erst angefangen. Gehen Sie ihr nach . . .«

Obwohl es Marys eigentliche Aufgabe war, Mädchen und Frauen zu helfen, geschah es doch auch gelegentlich, daß sie einen jungen Mann rechtzeitig warnen und vor einem verhängnisvollen Schritt bewahren konnte.

Eines Nachts, als sie mit ihrer Kameradin in eine der Gassen von Soho einbog, sahen sie ein paar Meter vor ihnen eine ältere Dirne stehen, die lüstern in das Gesicht eines hochaufgeschossenen, offenbar noch sehr jungen Mannes blickte. Als sie die beiden Heilsarmee-Offizierinnen kommen sah, drehte sie sich um, sah den jungen Mann noch einmal mit einer einladenden Geste über ihre Schulter hin an und ging auf die schmale Tür ihrer Kammer zu.

Mary sah ihn kurz an und wußte Bescheid. Neugier und Abenteuerlust hatten diesen jungen Burschen, der fast noch ein Kind war, in dieses Viertel getrieben . . .

»Folgen Sie ihr nicht! Laufen Sie fort!« sagte sie leise, aber deutlich und ging langsam an ihm vorbei. Der junge Mann machte kehrt und lief davon.

Als Mary und ihre Kameradin an der Tür der Dirne vorbeikamen, trat diese gerade wieder heraus und sah sich nach dem jungen Mann um, den sie schon für sichere Beute gehalten hatte. Er war verschwunden, und auch Mary sah und hörte nichts wieder von ihm.

Ganz anders war es mit Johnny Thompson, einem jungen Luftwaffensoldaten. Er sprach sie eines Nachts, offenbar in leicht angetrunkenem Zustand, in Soho an.

»Ich kenne die Heilsarmee«, sagte er, etwas unsicher lächelnd. »Ich bin selbst einmal Mitglied einer Musikkapelle gewesen.«

»So? Das ist ja interessant! Wo denn?« fragte Mary.

Er nannte ihr den Namen des Kapellmeisters, den sie selbst gut kannte.

»Und was machen Sie hier?« fragte sie weiter.

Johnny antwortete bereitwillig. Er war in Deutschland stationiert und auf Urlaub nach Hause gekommen. Aber seine Eltern waren sehr unglücklich und ärgerlich, weil er zu viel trank und rauchte. Deshalb war er hierher nach London gefahren und verbrachte seine letzten Urlaubstage in einem Soldatenklub.

»Es ist sehr traurig, einen Heilsarmee-Angehörigen an einem solchen Ort zu treffen«, sagte Mary. »Sie haben doch das Gelübde – die ›Kriegsartikel‹ – der Heilsarmee unterschrieben, nicht wahr?«

Johnny nickte verlegen.

»Haben Sie eine Bibel?«

Noch verlegener gab er zu, er besitze eine, wisse aber nicht, wo sie im Augenblick sei. Seit er Soldat und ständig woanders sei, habe er sie nicht mehr bei sich.

Bei diesen Worten hatte Mary plötzlich ein unbehagliches Gefühl. Sie wußte, daß sie ihm jetzt das Neue Testament, das sie in ihrer Tasche hatte, geben mußte, daß sie sich aber nicht davon trennen wollte.

Es war das kleine, abgenutzte Testament, das ihrem Onkel Will gehört hatte. Sie hatte mindestens drei Bibeln zu Hause, von denen sie Johnny gern eine gegeben hätte. Aber an diesem Neuen Testament hing sie, weil es Onkel Will gehört hatte. Onkel Will und Tante Ada, die sie geliebt hatten, bei denen sie als Kind so viele Ferien verbracht hatte, die für sie gebetet und sie sogar von ihrer kleinen Pension unterstützt hatten, als sie noch Kadett war; Onkel Wills Testament, in dem viele Verse von ihm sorgfältig unterstrichen waren, war ihr jetzt, wo er tot war, besonders wertvoll.

Der Kampf, bevor sie es aus der Tasche zog und es diesem immerhin fremden, angetrunkenen jungen Mann gab, war heftig, wenn auch kurz. Er mußte kurz sein. Jetzt oder nie! Johnny mußte Gottes Wort *jetzt* lesen können. Morgen konnte der Eindruck, den ihre Worte offensichtlich auf ihn gemacht hatten, schon wieder verwischt sein.

»Johnny«, sagte sie und hielt ihm das kleine Buch hin, »dieses Neue Testament ist mir sehr wertvoll, aber ich gebe es Ihnen trotzdem. Versprechen Sie mir, jeden Tag darin zu lesen! Sie wissen, es ist Gottes Wort.«

Die Hand des jungen Soldaten zitterte leicht, als er es entgegennahm.

»Vielen Dank, Kapitänin!« sagte er. »Ich will es tun.«

Mary ging an diesem Abend mit dem Gefühl weiter, einen großen Verlust erlitten zu haben. Aber ein paar Monate später erfuhr sie, daß sich ihr Opfer gelohnt hatte. In »Der Kriegsruf« fand sie einen Artikel, der von Johnny Thompson stammte. Er erzählte darin die Geschichte seines nächtlichen Gesprächs mit einer Heilsarmee-Offizierin, die ihm ihr Neues Testament geschenkt hatte. Der Artikel war überschrieben: »Ich bat Gott, mein Leben in Ordnung zu bringen.«

4. Die Glaubenshütte

Die Leiterin der »The Church of England Moral Welfare Annual Meeting« hatte allen Grund, an jenem Novembernachmittag des Jahres 1956 beunruhigt zu sein. Denn die Hauptrednerin war noch nicht erschienen, und es war Zeit, die Versammlung zu eröffnen. Die große, luftige Halle war voll besetzt, die führenden Leute hatten ihre Plätze auf dem Podium eingenommen, und die Vorsitzende gab die Bekanntmachungen, als sich die Tür zur Halle öffnete und eine mittelgroße schlanke Gestalt in Heilsarmee-Uniform hereinkam.

»Kapitänin Scott?« flüsterte eine Dame, die als Platzanweiserin fungierte, erleichtert. »Die Versammlung hat schon begonnen. Würden Sie bitte sofort aufs Podium gehen? Der leere Sitz auf der vorderen Reihe ist Ihr Platz!«

Mary, die etwas nach Atem rang, da sie schnell gelaufen war, stieg aufs Podium, warf der Vorsitzenden einen um Verzeihung bittenden Blick zu und setzte sich. Als sie sich dann im Saal umsah, war sie beunruhigt. Statt der gewohnten Nachmittagsversammlung mit einem Klavier und Gesangbüchern und einer Gruppe älterer Frauen, die zu einem gemütlichen Beisammensein bei einer Tasse Tee gekommen waren, schien dies eine Versammlung von einiger Bedeutung zu sein. Das Publikum bestand zum größten Teil aus berufstätigen Frauen, viele in Uniform, die meisten von ihnen noch ziemlich jung, aber alle offenbar sehr interessiert. Nicht genug damit, daß Mary sich um zehn Minuten verspätet hatte, sie war mit ihrer Ansprache nur auf einen Mütterkreis vorbereitet und sah sich einer Gruppe von Bewährungshelferinnen, Fürsorgerinnen, älteren Polizistinnen und erfahrenen Komitee-Mitgliedern gegenüber.

Das hätte genügt, um jede andere aus der Fassung zu bringen, nicht aber Mary!

»Einfach unschlagbar!« nannten Marys Bekannte sie oft. Und dies war eine der Gelegenheiten, bei denen sie das beweisen konnte. Als sie unerwartet ein Publikum vor sich sah, das ganz anders war als alle, zu denen sie je gesprochen hatte, sagte sie sich: »Nun, du mußt es eben so gut machen, wie du kannst.«

Aufmerksam hörte sie den Referaten einiger Vorrednerinnen zu, ergänzte in Gedanken die Notizen in ihrer Handtasche und – betete: »Herr, hilf mir! Du weißt, ich bin nicht darauf vorbereitet. Hilf du, daß ich ihnen das Richtige sage!«

Kurz darauf kündigte die Vorsitzende an:

»Es spricht jetzt zu uns Kapitänin Scott, die eine einzigartige Arbeit unter den unglücklichen Mädchen und Frauen der Straße tut. Sie sieht diese Aufgabe von einem anderen Blickpunkt aus als die, die vor allem amtlich mit ihnen zu tun haben. Sie leitet ein kleines Haus, in das solche Mädchen kommen können, wenn sie in Not sind. Um Mitternacht geht sie durch die Straßen, um diese Mädchen kennenzulernen. Hören Sie bitte aufmerksam zu!«

Mary stand auf und hielt einen Vortrag, der inhaltlich denen sehr ähnlich war, die sie schon öfter gehalten hatte. Sie erzählte von ihren Erlebnissen und Erfahrungen mit den Prostituierten auf den Straßen Londons und schilderte, manchmal nicht ohne Humor, wie leichtsinnig, aber auch wie hilflos und verlassen so viele Mädchen waren, denen sie begegnete, und mit welcher Gleichgültigkeit sie ein Leben führten, das unausweichlich im Elend endete.

Einen Augenblick war es still. Dann setzte ein ungewöhnlich starker Applaus ein, so daß Mary erleichtert bei sich feststellte, daß ihr Bericht nicht allzu schlecht gewesen sein konnte. Erst einige Zeit später entdeckte sie, daß sie durch dieses Referat in den Ruf einer guten Kennerin der Probleme der damaligen Prostitution gekommen war. Sie wurde von den verschiedensten Komitees aufgefordert, in dieser Eigenschaft an Beratungen teilzunehmen und Ansprachen zu halten. Dadurch kam sie in soziale Kreise, die ihr neu waren, und war wieder einmal dankbar für ihre Heilsarmee-Uniform.

»Was soll ich anziehen?« war eine Frage, die sie sich niemals zu stellen brauchte. In ihrer Uniform trat sie bei einer Veranstaltung der britischen Rundfunkgesellschaft ebenso sicher auf wie beim Dinner der »Frau des Jahres« im Savoy-Hotel. In ihrer Uniform sprach sie in Rotary-Klubs, saß sie mit Bischöfen auf dem Podium, besuchte Hochzeiten und hielt Vorträge bei den Praktikantinnen der Polizeischule.

Bei diesen jungen Polizistinnen war sie sehr beliebt. Zu ihrer Ausbildung gehörte ein Kursus über die soziale Arbeit freiwilliger Organisationen, und Mary erzählte ihnen von der Heilsarmee sowie von ihrer eigenen Tätigkeit von der Glaubenshütte aus.

»Sie hält uns keine Predigten«, sagten die jungen Mädchen der Kursleiterin gegenüber anerkennend. »Nichts von Frömmelei! Sie stopft uns nicht voll mit ihrem Christentum.«

Diese erzählte nach Jahren einmal:

»Die Praktikantinnen der Polizeischule, zu denen Mary Scott sprach, hatten eine wirkliche Zuneigung zu ihr. Am Ende eines jeden Kurses sagte bestimmt eine von ihnen: ›Was ist sie für ein wunderbarer Mensch! Wir haben unheimlich viel von ihr gelernt.‹«

Mary war schon frühzeitig zu der Überzeugung gekommen, daß nicht das, was sie sagte, wichtig war, sondern das, was sie selbst war. Sie wußte, daß sie eine Schranke zwischen sich und den Menschen, denen sie helfen wollte, aufrichten würde, wenn sie ihnen eine Predigt hielt.

»Mein eigenes geistliches Leben ist das, worauf es ankommt, glaube ich«, sagte Mary einmal zu einer Bekannten. »Wenn ich schlimme Gedanken, Zweifel und Bitterkeit hege, werden diese ein Hindernis sein. Wenn ich aber mit Gott im reinen bin, wird das zu Erfolgen führen. Ich glaube, daß ich daran arbeiten muß, immer in enger Berührung mit Gott zu bleiben.«

Wahrscheinlich konnte sich Marys Einfluß am stärksten in der Glaubenshütte auswirken, wo sie ihre Schute abnehmen, die Küchenschürze umbinden und ein friedliches Regiment im Hause führen konnte. Hier konnte sie es den Mädchen und Frauen, die sie aufsuchten, gemütlich machen, eine einfache Mahlzeit in der sauberen kleinen Küche für sie kochen und sich bei einer Tasse Tee mit ihnen unterhalten.

»Warum tun Sie das alles für uns?«

Dolly Green war eine von denen, die diese Frage an Mary stellte. Mary hatte sie in die Glaubenshütte geholt, nachdem ihr Arbeitgeber sie eines Tages angerufen hatte.

»Ich mache mir Sorgen um eine junge Stenotypistin«, hatte er gesagt. »Sie war so ein nettes kleines Ding, und ich kann mir nicht erklären, warum sie plötzlich auf die Straße geht. Auf die Straße! Sie bekommt einen guten Lohn und ist eigentlich auch gar nicht der Typ dafür. Würden Sie sie einmal aufsuchen, wenn ich Ihnen ihre Anschrift gebe?«

Mary ging der Adresse nach und kam zu einem der vielen großen Reihenhäuser in Nord-London, das einen völlig verwahrlosten Eindruck machte. Mülleimer standen kreuz und quer im Vorgarten, und leere Milchflaschen lagen auf den Stufen, die zu der schadhaften Haustür führten. Sie drückte auf den Klingelknopf, aber nichts rührte sich. Es vergingen mehrere Minuten, bis auf ihr anhaltendes Klopfen schließlich eine alte, schlampige Frau öffnete.

»Dolly Green? Die wohnt im zweiten Stock. Das Zimmer neben dem Treppenaufgang!« sagte sie auf Marys Frage.

Das Geländer der schmalen Treppe war staubig und beschädigt, und im ganzen Hause roch es nach kaltem Rauch. Mary klopfte an die Tür oben neben der Treppe, und als eine schüchterne Stimme fragte, wer da sei, antwortete sie:

»Ich komme von der Heilsarmee – Kapitänin Scott. Ich möchte Sie besuchen und fragen, ob ich Ihnen irgendwie helfen kann.« Sie hörte, wie der Schlüssel im Schloß umgedreht wurde, und als sich die Tür ein wenig öffnet, sah sie ein blasses Mädchen mit großen blauen Augen und einer kleinen Stupsnase, das sie ängstlich anschaute.

»Darf ich hereinkommen, Dolly?« fragte Mary mit beruhigendem Lächeln. »Ihr Arbeitgeber hat mir Ihre Anschrift gegeben . . .«

»Kommen Sie herein – es ist nicht sehr schön hier«, sagte das Mädchen. »Es . . . ich habe Angst hier.«

»Wohnen Sie schon lange in diesem Hause?«

»Nein, noch nicht lange. Ich mußte aus meiner früheren Wohnung heraus.«

In ihrem kleinen Gesicht begann es zu zucken.

»Nun setzen Sie sich mal hin, und erzählen Sie mir alles!« sagte Mary freundlich.

»Ich hatte einen Freund«, begann Dolly schluchzend. »Ich hatte ihn gern, und wir gingen zusammen. Eines Tages sagte er, es gäbe eine Möglichkeit, schnell zu Geld zu kommen . . . So ging ich ein paar Nächte auf die Straße. Dann holte ihn die Polizei wegen Autodiebstahl ab. Sie kamen in meine Wohnung, um mich auszufragen . . . Ich hatte keine Ahnung davon. Aber meine Wirtin wurde böse. Sie sagte, ihr Haus käme durch mich in schlechten Ruf, und ich mußte ausziehen. So kam ich hierher. Hier gefällt es mir gar nicht. Ich fürchte mich. Und ich weiß nicht, was ich machen soll . . . Ich erwarte ein Kind.« Sie seufzte. »Ich habe Angst, daß mein Vater es merkt . . .«

»Weiß es Ihr Freund?« fragte Mary.

»Ja, er weiß es, und er will mich auch heiraten. Aber sie haben ihn ins Gefängnis gebracht, und ich weiß mir keinen Rat mehr.«

Mary sah sich in dem trostlosen Zimmer mit der schmutzigen Tapete und den abgenutzten Möbeln um und blickte mitleidig auf das Mädchen, das mit hängenden Schultern und gesenktem Kopf auf dem Bett saß.

»Ich glaube, Dolly, ich nehme Sie erst einmal mit zu mir nach Hause«, sagte sie dann freundlich, »und wir sehen, was sich für Sie tun läßt. Ist Ihnen das recht?«

Dolly blickte ungläubig auf.

»Ich soll mit Ihnen gehen? Zu Ihnen nach Hause und nicht wieder hierher zurück?«

»Ja, Sie können bei uns bleiben, bis wir Ihre Angelegenheit in Ordnung gebracht haben. Und dann können Sie sich ein nettes Zimmer suchen, wo Sie sich sicher fühlen. Wir werden Ihnen dabei helfen. Was meinen Sie dazu?«

»O ja!« Dolly hatte Mary Scott vorher noch nie gesehen, aber sie zögerte nicht, ihr Angebot anzunehmen. »O ja! Meinen Sie jetzt gleich?«

»Ja, Dolly! Haben Sie Ihre Miete im voraus bezahlt?«

»Natürlich! Sonst hätte sie mich gar nicht genommen.«

»Und wo ist Ihr Koffer?«

»Hier auf dem Kleiderschrank . . ,« und hier sind meine Kleider – und meine Schuhe. Der Wasserkessel gehört meiner Wirtin, aber der Kochtopf gehört mir. Oh, es wird nicht alles in den Koffer hineingehen . . .«

»Lassen Sie mich einmal sehen!«

Mary nahm einen Mantel heraus.

»Den kann ich über dem Arm tragen. Nun geht der Koffer zu. Haben Sie noch eine Tragetasche? Da können wir die übrigen Kleinigkeiten hineintun. So! Nun sagen Sie Ihrer Wirtin, daß Sie weggehen und nicht wiederkommen!«

So verließen sie das schmutzige alte Haus und gingen zum Bus, der sie zum Kings-Cross-Bahnhof brachte. Noch ein paar Schritte, und sie hatten die Glaubenshütte erreicht.

In dem sauberen kleinen Flur mit dem farbenfreudigen Läufer kam ihnen Ruth entgegen.

»Das ist unsre neue Hausgenossin«, sagte Mary zu ihr – und zu Dolly gewandt: »Das ist Kapitänin Hood! Sie zeigt Ihnen jetzt Ihr Schlafzimmer, und ich denke, ein warmes Bad wird Ihnen gut tun, nicht wahr?«

»O ja!« Dollys Augen strahlten. »Und kann ich mir auch das Haar waschen? Das war alles furchtbar schwierig dort. Kein Badezimmer, nur ein Waschbecken in der Küche, wo immerzu Leute ein- und ausgingen . . .«

»Ja natürlich, Dolly! Nun baden Sie sich mal schön, und Sie werden sich gleich wohler fühlen. Tee gibt es erst in einer Stunde. Da haben Sie genug Zeit.«

Eine Stunde später saßen sie zu dritt an dem runden Tisch, auf dem buntes Kaffeegeschirr und Teller mit Brot, Butter und Kuchen standen. Dolly sah sich glücklich in dem gemütlichen Wohnzimmer um. Im Kamin brannte ein Feuer, das behagliche Wärme verbreitete. Auf dem Kaminsims standen kleine und größere Vasen, und an der Wand hing ein Bild von einem Hirten, der ein Gatter öffnete, um ein kleines schwarzes Schaf in den Pferch hineinzulassen.

»Ach, ist das schön hier!« sagte sie fast wehmütig.

Nachdem sie sich gestärkt und Mary dann beim Abwaschen geholfen hatte, war sie gern bereit, gemütlich am Kamin sitzend, mit dieser über ihre Zukunft zu sprechen.

»Zuerst gehen wir am besten in eine Klinik, um feststellen zu lassen, ob Sie sich keine Krankheit aufgelesen haben«, sagte Mary in einem sachlichen Ton. »Sie denken vielleicht, daß alles in Ordnung ist, aber wie Sie wissen, zeigt es sich nicht immer gleich.«

»Ich wollte bestimmt nicht gern auf die Straße gehen«, sagte Dolly leise und mit gesenktem Kopf. »Ich habe es nur des Geldes wegen getan. Ich brauchte Geld, besonders nachdem mein Freund ins Gefängnis gekommen war. Ich mußte doch die Miete bezahlen.«

»Nun, darum brauchen Sie sich keine Sorgen mehr zu machen, wenn wir erst beim Arbeitsamt gewesen sind. Sie werden es nie mehr nötig haben, auf die Straße zu gehen, Dolly«, sagte Mary mit beruhigendem Lächeln. »Wir werden Unterstützung für Sie beantragen und uns auch nach einem Job für Sie umsehen. Dann gehen wir zum Arzt und bringen alles wegen des Babys in Ordnung. Und dann suchen wir ein nettes Zimmer, wo Sie wohnen können, bis das Baby kommt.«

Dollys verängstigtes Gesicht entspannte sich mehr und mehr, während die freundliche Heilsarmee-Offizierin all ihre Sorgen und Befürchtungen austrieb und dabei weder Abscheu noch Verachtung für sie zeigte.

Nachdem Dolly ein paar Tage in der Glaubenshütte gewohnt und sich ausgeruht hatte, waren ihre Augen wieder hell und klar, und sie trug ihren Kopf wieder höher. Sie hatte sich sehr schnell in den Tagesablauf eingefügt, stand auf, sobald sie geweckt wurde, tat ihre Arbeit im Haushalt mit Lust und Liebe und hörte still zu, wenn Mary oder Ruth morgens nach dem Frühstück die Andacht hielten.

Diese Andachten wurden ebenso regelmäßig eingehalten wie die Mahlzeiten, und Dolly gewöhnte es sich bald an, nach dem Frühstück sofort aufzustehen und die Bibel zu holen, die auf dem drehbaren Büchergestell lag. Dann las Mary oder Ruth einige Verse daraus, und alle knieten neben ihrem Stuhl nieder, während eine der beiden Offizierinnen betete. Dieses Beten beeindruckte Dolly mehr als alles andere, was sie in der Glaubenshütte erlebte. Die Offizierinnen redeten mit Gott, als wäre er im Zimmer und höre ihnen zu, wenn sie ihn baten, sie zu segnen und ihnen bei allen ihren Aufgaben zu helfen. Und sie beteten nicht nur für sich, sondern sie baten ihn auch, sie, Dolly, zu begleiten, wenn sie zum Arbeitsamt ging, wenn sie ein Entbindungsheim suchte, wo sie ihr Kind zur Welt bringen konnte, und anderes mehr.

»Ich habe noch niemand so beten hören«, sagte sie, als sie das erste Mal von ihren Knien aufstanden.

Und als die Besuche in der Klinik, im Entbindungsheim und im Arbeitsamt alle zu ihrer Zufriedenheit verlaufen waren, als sie auch noch ein paar Kleidungsstücke und Haushaltsgegenstände aus den Vorräten der Heilsarmee bekommen hatte, fragte sie Mary:

»Kapitänin Scott, warum tun Sie das alles für mich?«

»Weil wir Christen sind«, erwiderte Mary, die gerade mit Abwaschen beschäftigt war. Sie wußte, daß Dolly aus wirklichem Interesse fragte, und fuhr fort: »Wir wissen, daß Christus für uns starb, um uns den Weg zum Himmel zu öffnen, und daß er auf der Erde Aufgaben für uns hat. Ich weiß, daß er mich in die Heilsarmee geführt hat und daß er will, daß ich euch Mädchen helfe. Er liebt Sie nämlich auch. Sie sind nicht zufällig hierhergekommen. Das geschah nach Gottes Plan, weil ihm etwas an Ihnen liegt. Und was wir nun für Sie tun, tun wir für Gott . . .«

»Ich verstehe«, sagte Dolly leise.

Mary fuhr fort, abzuwaschen. Sie hatte die Frage beantwortet, mochten ihre Worte nun in Dollys Herzen wirken! Mochte sie spüren, daß einer, den sie nicht sehen konnte, hier bei ihnen in der Küche war – und wartete.

Dolly nahm das Geschirrtuch und begann die Teller abzutrocknen.

»Ich weiß nicht, was mit mir geschehen wäre, wenn Sie damals nicht zu mir gekommen wären«, sagte sie dabei nachdenklich. »Ich weiß nicht, was ich getan hätte . . . Es war mir furchtbar, auf die Straße zu gehen – auch wenn mein Freund in der Nähe war und auf mich aufpaßte. Aber nun ganz allein – und mit einem Baby unterwegs . . .«

Da war noch etwas, was Dolly sehr beschäftigte:

»Ich möchte heiraten, Kapitänin Scott! Mein Freund hat gesagt, daß er mich heiraten will. Aber nun ist er im Gefängnis.«

»Er wäre bestimmt nicht dort, wenn er nicht schon zwei- bis dreimal das Gesetz übertreten hätte, Dolly«, erwiderte Mary. Sie wußte, daß sie das Mädchen warnen mußte.

»Machen Sie lieber Schluß mit ihm! Sie sollten ihn lieber nicht heiraten, nur weil Sie das Baby erwarten. Da gibt es noch andere Möglichkeiten. Wir könnten Ihnen einen Platz in einem Heim für ledige Mütter besorgen, wo für Sie gesorgt würde und Sie alles erst einmal gut überlegen könnten. Sie brauchen Zeit, um darüber nachzudenken, was aus Ihrem Baby werden soll und ob Sie diesen Mann heiraten sollen.«

»Ich möchte ihn gern heiraten«, sagte Dolly leise mit gesenktem Kopf.

»Aber er hat Sie auf die Straße geschickt«, wendete Mary ein. »Das war bestimmt nicht schön von ihm.«

»Er hat mich nicht dazu gezwungen. Er hat nur gesagt, daß wir im Augenblick wenig Geld hätten und daß es uns darüber hinweghelfen würde, wenn ich es täte. Und so habe ich es getan. Aber ich würde es niemals wieder tun.« Dolly sagte das ganz fest und bestimmt. »Und er würde mich nicht dazu zwingen, wenn ich es nicht tun wollte. Das weiß ich genau.«

Und leiser werdend, fuhr sie fort: »Ich habe ihn lieb. Er ist wirklich nett. Und es ist unser Baby . . .«

Mary schwieg. Sie wußte, sie war hier Zuschauer in einem menschlichen Drama, wo Kräfte am Werk waren, mit denen sie sich nicht messen konnte. Eine Loyalität und ein Vertrauen, die andern völlig unvernünftig schienen, banden Dolly an diesen jungen Burschen, der der Vater ihres ungeborenen Kindes war. Und mit Vernunftgründen allein war dagegen nicht anzukommen. Wenn sie Dolly jetzt widersprach, richtete sie eine Barriere auf, die es nur schwieriger machte, dem Mädchen in Zukunft zu helfen. Und wer weiß? Liebe war eine veredelnde Macht und konnte vielleicht auch Wunder vollbringen in einer Ehe mit einem Mann, der schon sehr früh in seinem Leben auf die Verbrecherlaufbahn geraten war. Als daher Dolly fragte, ob sie nicht heiraten könnten, ehe er seine Gefängnisstrafe abgesessen habe, erwiderte Mary etwas zögernd:

»Nun, ich glaube, daß es möglich ist . . . Aber Sie sollten es sich gut überlegen, Dolly! Entscheiden Sie sich nicht zu schnell!«

Doch Dolly blieb fest. So wurden die nötigen Anträge gestellt, und Dolly wurde schließlich in einem düsteren Standesamtsraum mit einem jungen Mann getraut, den zwei Wärter sofort nach der Amtshandlung wieder ins Gefängnis zurückbrachten. Mary half ihr noch bei der Suche nach einem passenden Zimmer und einem Job und konnte dann weiter nichts mehr tun, als ihren Namen in die ständig wachsende Liste der Mädchen und Frauen einzutragen, die wußten, daß sie in der Glaubenshütte jederzeit freundliche Aufnahme fanden.

Zu denen, die diese Gastfreundschaft weidlich ausnutzten, gehörte auch Flo Brown, die mit strahlendem Lächeln und einem Blumenstrauß auftauchte, wenn sie Geld hatte, aber bescheiden um ein warmes Bad und ein Bett bat, wenn sie wegen schlechten Benehmens oder weil sie ihre Miete nicht bezahlt hatte, aus ihrem Zimmer hinausgesetzt worden war.

»Das kleine schwarze Schaf dort bin ich«, pflegte sie zu sagen, indem sie sich das bekannte Bild des Hirten ansah, der das Gatter öffnet, um ein schwarzes Schaf hereinzulassen.

»Aber dieses schwarze Schaf geht auch wirklich hinein«, erwiderte Mary dann mit Nachdruck. »Und Sie tun das nicht! Sie haben gar nicht die Absicht, Ihr verkehrtes Leben aufzugeben, Gott um Vergebung zu bitten und sich von ihm den richtigen Weg zeigen zu lassen. *Das* bedeutet es, durch das Gatter zu gehen! Es bedeutet *nicht*, draußen stehenzubleiben, hineinzuschauen und jämmerlich zu blöken.«

Mary wußte, daß sie manchmal so sprechen mußte. Sie war ja nicht in der Glaubenshütte, um Menschen, die den falschen Weg gingen, das Leben nur ein bißchen zu erleichtern und sie äußerlich wieder auf die Beine zu bringen, sondern um ihnen den Weg zu einem besseren Leben zu zeigen und gehen zu helfen. Flo sah das auch manchmal ein und willigte in einer Anwandlung von Zerknirschung ein, am nächsten Sonntag in die Regent Hall zu kommen. Wenn Mary aber dann voller Optimismus hinging, traf sie Flo halbbetrunken dort an und mußte darauf gefaßt sein, daß sie aufstand, sobald die Kapelle zu spielen gegann, um eine Ansprache zu halten. Alkohol und Musik hatten gewöhnlich diese Wirkung bei ihr.

Nach einem mißglückten Versuch, sie zum Schweigen zu bringen, zog Mary sie dann schließlich aus der Halle. Das waren peinliche Szenen, und Mary hatte sich ein Mal fast schon entschlossen, keine Prostituierten mehr in die Regent Hall einzuladen. Aber dann hatte sie sich gesagt, daß das ja ihre Aufgabe sei. Sie hatte die Mitternachtsstreife übernommen mit allem, was dazu gehörte. Und wenn sie eine Prostituierte an einen Ort brachte, wo sie das Wort Gottes hören konnte, so gab sie ihr damit die beste Gelegenheit, ihren falschen Weg zu erkennen und umzukehren, ehe es zu spät war.

48

»Ich werde mich nicht darum kümmern, was die Menschen über mich denken«, beschloß sie bei sich. Und wenn ihre Aufgabe es mit sich brachte, daß sie gelegentlich albern wirkte oder unangenehm auffiel, würde sie die Schande auf sich nehmen, wie einst ihr Herr und Meister, von dem die Bibel sagte: »Er erduldete das Kreuz und achtete der Schande nicht.« Es kam einzig und allein darauf an, daß sie sich einmal nicht zu schämen brauchte, wenn sie vor Gott Rechenschaft ablegen mußte über ihr Tun und Lassen.

5. Finstere Machenschaften

Während der letzten 50er Jahre war jeder Tag in Marys Leben wie eine Folge rasch wechselnder, sehr verschiedenartiger Bilder. Am Morgen saß sie meist am Schreibtisch im Vorderzimmer der Glaubenshütte, das tagsüber als Büro und nachts als Gästezimmer diente, wo sie Anrufe von Bewährungshelfern, Polizeibeamten, obdachlosen Mädchen und bekümmerten Eltern beantwortete, die ihre Töchter suchten. Aber einer dieser Anrufe machte es meist nötig, daß sie eiligst einen Bus besteigen mußte, um irgendwo einem verzweifelten Mädchen zu helfen oder Flo Brown, die wieder einmal ins Krankenhaus eingeliefert worden war, auf deren Bitte ein Nachthemd zu bringen.

Oft mußte sie dann an einer Sitzung teilnehmen oder auch einen Besuch im Frauengefängnis von Holloway machen, und an kalten Tagen kam es manchmal vor, daß eine der jungen Prostituierten, die ihr Revier in der Nähe des Kings-Cross-Bahnhofs hatten, schon am frühen Nachmittag an die Tür der Glaubenshütte klopfte. Blaß und durchgefroren fragte sie kläglich:

»Darf ich hereinkommen und mich aufwärmen? Mir ist so kalt.«

Nan mit dem Lockenkopf und dem nordenglischen Akzent schien allen Vorstellungen gegenüber, doch ein besseres Leben anzufangen, verschlossen zu sein. Sie wurde aber trotzdem immer wieder freundlich aufgenommen und zum Abendessen eingeladen, das aus Brot und Fett bestand. Wer konnte sagen, ob es nicht eindringlicher als Worte zu ihr sprach, daß die beiden Heilsarmee-Offizierinnen ihr einfaches Mahl mit ihr teilten?

Nach dem Abendessen begann dann die Arbeit der Nacht, bei der die Bilder oft noch rascher wechselten. Aber zuvor knieten Mary und ihre Kameradin nieder, um zu beten.

»Herr, in deinem Namen gehen wir wieder hinaus auf die Straßen. Führ du uns! Bring uns mit Menschen in Berührung, denen wir helfen sollen! Und, Herr, beschütze auch uns selbst vor dem Bösen, was wir sehen und hören! Halt unsre Herzen rein! Und füll uns mit deiner Liebe und deinem Erbarmen!«

Nun hinaus auf die Straße und hinüber zum Bus!

Der Weg der Mitternachtsstreife war immer noch derselbe.

»Zweimal zum Marble Arch, bitte!«

Als der Bus dort hielt, stiegen sie aus und gingen zur Bayswater Road hinüber. Und nun wurde es Ernst.

Langsam gehen und die Augen offenhalten für die Frauen, die allein herumlaufen! Vorbeisehen an den glücklichen Pärchen, den fröhlichen Touristengruppen und den Leuten, die aus dem Bus steigen und so schnell wie möglich nach Hause eilen! Auf das Mädchen achten, das etwas von der Haltestelle entfernt steht und sich nicht rührt.

»Dieses Mädchen habe ich noch nie gesehen«, murmelte Mary. »Wir wollen es ansprechen.«

Aber es drehte sich schnell um und lief davon.

Sie gingen weiter.

»Da ist Jean!«

Jean sah sie spöttisch an, als sie ihr freundlich »Guten Abend!« zuriefen, und drehte den Kopf weg.

Ein Taxi fuhr langsam an eine Frau heran, die den Bordstein entlangging. Sie blickte auf . . . die Tür öffnete sich, und sie stieg ein . . .

Unbeachtet von den Passanten, stand ein Mädchen an eine Hauswand gelehnt. Sie sah Mary und ihre Kameradin, hatte aber heute abend offensichtlich keine Lust zu einem Schwätzchen. Sie riefen ihr »Gute Nacht!« zu, sahen, daß sie kurz lächelte, und gingen in Richtung Lancaster Gate weiter.

Jetzt in den Park hinein! Hier war es ruhiger. Der Lärm des Verkehrs wurde durch die Mauer gedämpft. Es war dunkler unter den hohen Bäumen und gab auch weniger Menschen hier. Keine Autos rasten an einem vorbei. Nur hin und wieder sah man die schwachglimmenden Standlichter geparkter Wagen. Hier und da lief eine Frauengestalt langsam den Straßenrand entlang oder stand an einem Laternenpfahl – Gestalten, deren Gesichter mit den dunkel umschatteten Augen, den karmesinroten Lippen und der weißgepuderten Haut in dem gedämpften Licht clownhaft aussahen . . .

Nun heraus aus dem Park und hinüber zur Park Lane! Wieder Busse, Licht, Limousinen, die vor den großen Hotels vorfuhren. Nicht auf die glücklichen Pärchen, die fröhlichen Touristengruppen und die Menschen achten, die nach Hause eilten! Dort an der Ecke stand ein Mädchen. Es war Felice. Sie war am Vormittag im Gericht gewesen und hatte ihre zwei Pfund Strafe bezahlt . . . Und dort war Vera, die sich jetzt immer wütend abwandte, nachdem sie Mary und Ruth einmal zornig entgegengeschleudert hatte: »Warum kommen Sie ständig hier bei uns Mädchen vorbei und erinnern uns an unsre Schande? . . .«

Das farbige Mädchen dort war neu auf dieser Straße. Aber ein Blick genügt, um festzustellen, daß sie nicht neu in ihrem Gewerbe war . . .

Und da stand auch Olga, die gern erzählt, daß sie als Kind zur Sonntagsschule gegangen war.

»Hallo, Olga! Wie wär's, wenn Sie am Sonntagnachmittag mit in die Regent Hall kämen?«

»Diesen Sonntag nicht, Kapitänin Scott! Vielleicht ein andermal. Gute Nacht!«

Mary und Ruth bogen in die Curzon Street ein. Hier, in den Fenstern der großen, vornehmen Häuser von Mayfair, sah man da und dort kleine Lampen mit roten Schirmen, einladend und intim. An den Geländern oberhalb der Kellergeschosse standen oder promenierten elegant gekleidete Mädchen, Edelsteinschmuck in den Ohrläppchen und kostbare Pelze um die Schultern.

»Hallo, Yvonne! Habe Sie gestern abend gar nicht gesehen.« Das blonde junge Mädchen lächelte.

»Ich hatte frei«, erwiderte sie, und damit war das Gespräch auch schon zu Ende. Ein großer, schnittiger Wagen blieb stehen, und ein Mann blickte zu ihr hinüber.

Diese Mädchen hier waren Professionelle mit festem Stundenplan, freien Tagen und jährlichem Urlaub. Es war unwahrscheinlich, daß eine von ihnen einmal in die Glaubenshütte kommen würde, aber Mary gab jeder, die wollte, eine Karte mit der Telefonnummer. Man konnte nie wissen . . .

Sie bogen in den Shepherds Market mit seinen malerischen kleinen Antiquitätenläden und Weinhäusern ein. Die glücklichen Pärchen und die fröhlichen Touristengruppen wurden jetzt seltener, und die

Männer, die vorübergingen, beeilten sich nicht, nach Hause zu kommen. In den schmalen Türöffnungen schwach beleuchteter Passagen lehnten hier und da Mädchen, die in die Nacht hinauslächelten.

»Da ist Rosina!« sagte Mary. »Ich traf sie neulich im Gericht und habe ziemlich lange mit ihr gesprochen. Sie ist sehr stolz auf ihr gutes Aussehen. Ich habe sie gewarnt, daß sie das bei diesem Leben, das sie führt, sehr bald verlieren würde. Sie lachte nur.«

Und nun die Half Moon Street hinunter! Auch hier standen Mädchen – und jeder Mann hier war ein potentieller Kunde.

»Da steht Colleen! Da, bei dem amerikanischen Soldaten! Sie ist also noch hier. So ein hübsches Mädchen! Und sie hat so etwas Liebliches – trotz Alkohol und Männern . . .«

Und nun auf die breite Verkehrsstraße des Piccadilly! Hier gab es sehr viel mehr Lampen, aber trotzdem lag etwas Düsteres, fast Unheimliches über allem.

Ein Mann ging auf eine Prostituierte zu. Sie verhandelten nüchtern miteinander und gingen dann zusammen fort. Die Straßenmädchen waren jetzt, wo kaum noch Menschen herumliefen, in größerer Gefahr, erwischt zu werden, und trotz ihres äußerlich lässigen Gebarens waren sie sehr auf der Hut. Ein Polizist könnte plötzlich auftauchen und sie wegen Belästigung festnehmen. Vorwärts zum Piccadilly Circus!

Ein schmächtiger Mann mit wieselähnlichem Gesicht kam von hinten an die Heilsarmee-Offizierinnen heran, machte obszöne Bemerkungen, lief neben ihnen her und schielte sie boshaft von der Seite an. Es kam nicht oft vor, aber es gehörte zu den Gefahren der Mitternachtsstreife und zeigte wieder einmal, wie gewagt es wäre, sie allein zu unternehmen. Er spottete und höhnte und tanzte vor ihnen herum, als sie den Bürgersteig verließen und den Circus überqueren wollten. Da packte ihn plötzlich der Griff eines Regenschirms fest unter dem Kinn, und er blickte in ein paar strenge Augen in einem blassen, von blondem Haar und einer Schute umrahmten Gesicht.

»Was wollen Sie denn eigentlich?« fragte Mary laut und schob den Schirmgriff noch fester unter sein Kinn.

Er schüttelte sich frei und gab Fersengeld, während Mary und Ruth in sich hineinlachend weitergingen.

Nun nach Soho! Die kleinen Läden dort waren zum Teil mit Rollä-
den verschlossen, und ihre Besitzer hatten ihre Wohnungen in andern Stadtteilen oder Straßen aufgesucht. Aber die schmalen Tor-
fahrten daneben, die tagsüber nicht auffielen, waren jetzt offen. Pla-
kate mit verführerischen Frauenbildern waren auf den Bürgersteigen
aufgestellt. Die engen Passagen dahinter führten zu einem Labyrinth
von Räumen unter- und oberhalb der verschlossenen kleinen Läden.
Saxophonklänge und Schlagzeugmusik drangen heraus, das Schmet-
tern eines Orchesters, das Dröhnen eines Tam-Tams, die Stimme eines Mannes, der über Lautsprecher schmalzige Liebeslieder sang, um
Passanten anzuhalten. Neben den offenen Toren standen Frauen, in
den Lokalen saßen Männer an kleinen Tischen. Andere Männer standen wie die Prostituierten auf der Straße. Einige von ihnen hatten die
Aufgabe, Kunden zu werben – für einen Drink und einen Tanz, für
einen Drink und eine Frau oder nur für eine Frau. Einige warteten auf
männliche Partner oder suchten Komplizen für dunkle Geschäfte.

Ruhig weitergehen, ohne die Männer zu beachten. Um die Frauen
sollen wir uns kümmern . . .

»Hallo, Marie, ich habe Sie lange nicht gesehen!«

»Hallo, Kapitänin, ich war krank. Bin heute zum erstenmal wieder
hier. Freut mich, Sie zu sehen!«

»Guten Abend Rosie!«

»Guten Abend, Kapitänin! Wie gefallen Ihnen die kalten Nächte?«

»Es geht, wenn man sich bewegt. Wollen Sie nicht mit zu uns
kommen? Hallo, Margret! Wußten Sie, daß Flo im Charing Cross
Hospital ist?«

»Oh, sie hatte neulich fürchterliches Asthma. Sicher hat man sie
aufgelesen und dorthin gebracht. Sie wird froh sein, daß sie unterge-
kommen ist. Gute Nacht, Kapitänin, ich muß wieder ans Geschäft.
Morgen ist die Miete fällig.«

Nun die Wardour Street, den Berwick Market, die Old Compton
Street, die Dean Street, den Soho Square, die Greek Street entlang –
immer denselben Weg, damit die Mädchen sich daran gewöhnten, sie
zu sehen; vorbei an den kleinen dunklen Gassen, wo niemand stand,
wo Männer sich verstohlen umsahen und verschwanden.

Wie wenig wissen wir von dem, was da geschieht, dachte Mary.

Was für Leute gehen in diese schmalen Türen, an denen kein Name steht? Wozu gehen sie dorthin? Wir wissen es nicht. Was wir wissen, ist das, was uns die Mädchen erzählen. Und was wissen schon diese Mädchen, die hier ihre schäbigen kleinen Kammern mieten und dann morgens wieder in ihre Wohn-Schlafzimmer in Earls Court oder Paddington gehen? Die, die für Zuhälter arbeiten, wissen mehr. Aber sie erzählen uns weniger. Sie haben Angst, Angst vor ihren Zuhältern und vor den Banden.

Wie wenig wissen wir wirklich! Wir kommen uns vor wie Küstenwächter, die vom Felsen oben hinunterblicken in die brodelnde See, bereit, ein Seil hinunterzulassen. Aber niemand hat den Wunsch oder die Kraft, es zu ergreifen. Wir bewegen uns nur an der Oberfläche, wenn wir um Mitternacht durch Londons Westend gehen, obwohl manches, was wir dort hören und sehen, Dinge erkennen läßt, die wir lieber nicht wissen möchten. Sie würden sich wie Maden in unser Gemüt hineinschleichen, wenn wir nicht beschützt würden. Dieses Gefühl, beschützt zu werden, war undefinierbar, aber sehr real. Was Schwester Gemmel betete, als wir sie neulich in Bethany besuchten, ist und bleibt wahr:

»Herr, mit deiner Gerechtigkeit gekleidet, können wir in die Tiefen der Hölle gehen und werden unversehrt wieder herauskommen.«

Mary und Ruth bogen in die Charing Cross Road ein. Sie hatten Soho jetzt verlassen, und zwischen ihnen und dem Kings-Cross-Bahnhof lagen nur noch menschenleere Straßen. Sie schritten tüchtig aus und hatten bald die Glaubenshütte erreicht.

An der Pforte stand ein Mann. Es war Jim, der Gepäckträger. »Sie haben sicherlich ein Mädchen drüben am Bahnhof, was wir aufnehmen sollen, nicht wahr, Jim?« fragte Mary.

»Ja, Kapitänin Scott! Sie kam mit dem letzten Zug aus Newcastle.«

»Bringen Sie sie herüber!«

Das Bett im Büro wurde bezogen und der Teekessel aufgesetzt. »Kommen Sie herein, Phyllis, Sie sind ja völlig durchgefroren. Eine Tasse Tee wird Ihnen und uns allen guttun.« Sie setzten sich zusammen hin und tranken heißen Tee, und es dauerte nicht lange, da erzählte ihnen Phyllis ihre Geschichte.

»Ich hatte es satt zu Hause. Mein Vater kümmert sich nicht um uns, und Mutter schimpft den ganzen Tag. Ich hatte Krach mit ihnen und bin fortgelaufen. Am Abend habe ich mir eine Fahrkarte gekauft und bin nach London gefahren. Ich wollte die Nacht auf dem Kings-Cross-Bahnhof verbringen und mich am Morgen nach einem Job umsehen. Aber als ich so dastand, kamen immer wieder fremde Männer zu mir und wollten mich mitnehmen. Ich hatte furchtbare Angst. Und dann kam auch ein Polizist und wollte meine Fahrkarte sehen. Ich sagte, ich hätte sie an der Sperre abgegeben, weil ich ja nicht zurückfahren wolle. Da sagte er, daß ich nicht die ganze Nacht über auf dem Bahnhof herumstehen dürfe. Das sei nicht erlaubt. Ich wußte nicht, was ich tun sollte. Dann sah ich den Polizisten mit dem Gepäckträger sprechen, und der sagte dann zu mir, ich solle hinüber zur Heilsarmee gehen. Und so bin ich hergekommen.«

Mary und ihre Kameradin stellten in ihrem Innern dankbar fest, daß Phyllis in Newcastle ein Heim und beide Eltern hatte. Sie dachten an die große Schar von Frauen und Mädchen auf der Straße, die ebenso nach London gekommen sein mochten wie sie: in einem Anfall von Abenteuerlust und Leichtsinn, die aber schon bald in tiefe Niedergeschlagenheit umschlugen – leichte Beute für jemand, der freundlich und beruhigend auf sie einsprach und ihnen einen interessanten Job und ein nettes Zimmer versprach.

Ihre Aufgabe war es, Phyllis vor dieser Gefahr zu warnen, ihr zu sagen, wie schwierig es für so ein junges Mädchen sei, in London eine Arbeitsstelle zu finden und ein Zimmer, wo es wohnen kann. Sie mußten ihr von den Männern erzählen, die nach solchen Mädchen Ausschau hielten, ihnen gut zuredeten, ihnen schmeichelten und sie verführten – und sie dann auf die Straße stellten.

Sie machten Phyllis klar, daß ihr Elternhaus der Ort war, wo sie hingehörte. Dann brachten sie das Mädchen zu Bett, denn es war übermüdet und hatte eine ganze Reihe von Aufregungen hinter sich. Morgen würden sie Phyllis in den Zug zurück nach Newcastle setzen.

»Dank sei Gott für die Glaubenshütte!« dachte Mary vor dem Einschlafen. »Dank sei Gott, daß gerade ein Polizist da war, der sie zu uns schicken konnte. Dank sei Gott für das Vorrecht, eine Küstenwache zu sein, die gerade im rechten Augenblick verhindern kann, daß jemand vom Klippenrand abstürzt.«

Eines Abends gegen 8 Uhr, als Mary und ihre neue Kollegin, Kapitänin Jean Bruce, gerade beim Abendbrot saßen, läutete das Telefon, und eine Stimme fragte erregt:

»Ist dort Kapitänin Scott? Hier ist Yvonne. Sie haben mir Ihre Telefonnummer gegeben und gesagt, ich könnte zu Ihnen kommen, wenn ich Sie brauchte. O bitte, darf ich jetzt kommen?«

»Natürlich! Sie können sofort kommen. Wissen Sie, wie man hierhergelangt? Es ist ein kleines Haus mit dem Schild ›Glaubenshütte‹ und steht auf dem Vorplatz des Kings-Cross-Bahnhofs.«

Mary ging ins Wohnzimmer zurück.

»Das war Yvonne, eines der Mädchen von der Curzon Street«, sagte sie. »Sie schien sehr erregt zu sein. Ich bin gespannt, was passiert ist. Sie möchte vielleicht hierbleiben. Dann müssen wir auf die Mitternachtsstreife verzichten.«

Kurz darauf stand Yvonne an der Haustür. Mit ihrem eleganten schwarzen Kleid und der Ozelotjacke, schicken Schuhen und Handschuhen war sie die bestgekleidete Prostituierte, die je zur Glaubenshütte gekommen war. Aber sie sah blaß und verweint aus.

»Kommen Sie herein, Yvonne!« sagte Mary freundlich. »Sie haben den Taxi-Chauffeur bezahlt? Gut! Er braucht nicht zu warten.«

Sie winkte dem Mann zu, daß er fortfahren könnte, und zog das Mädchen ins Haus.

»Sie muß sobald wie möglich ins Bett«, flüsterte sie Jean zu, während sie Yvonne ins Wohnzimmer führte.

Aber Yvonne war zu überreizt, um ans Schlafen zu denken. Sie hatte offenbar getrunken und, wie sie später gestand, auch eine Dosis Morphium genommen. Was sie beschwerte, mußte jedenfalls erst heraus, und manchmal schluchzend, manchmal vor Wut bebend erzählte sie ihre Geschichte.

Ihre Eltern lebten in Schottland, aber sie war als Teenager in Unannehmlichkeiten geraten und in eine Erziehungsanstalt nach Süd-Englang geschickt worden. Kurz vor ihrer Entlassung hatte man sie »auf Ehrenwort« nach London fahren lassen, wo sie sich als Telefoni-

stin beworben hatte und sich vorstellen sollte. Als sie an der Bushalte-
stelle in der Park Lane stand, kam ein junger Mann in einem eleganten schwarzen Wagen angefahren, hielt neben ihr und fragte freundlich:

»Wo wollen Sie hin?«

Als sie es ihm gesagt hatte, bot er ihr an, sie dort abzusetzen, da er
in derselben Richtung führe. So war sie eingestiegen, erfreut und ge-
schmeichelt, daß sie von solch einem attraktiven jungen Mann in
solch einem luxuriösen Auto mitgenommen wurde. Mit leicht aus-
ländischem Akzent begann er sich höflich mit ihr zu unterhalten,
fragte sie, was sie vorhabe, und nannte ihr für den Fall, daß sie nach
London zöge, seinen Namen und seine Telefonnummer.

Yvonne erhielt die Stelle als Telefonistin, zog in ein Wohn-Schlafzimmer und fand, als Freiheit und Selbständigkeit nichts Neues mehr
waren, daß das Leben in London sehr einsam sein kann. Da erinnerte
sie sich an den attraktiven Fremden, der sie in seinem Wagen mitgenommen und sich Raymond Maynard genannt hatte. Sie rief ihn an,
und er bat sie erfreut, mit ihm am nächsten Abend ins Theater zu gehen.

Von da an war Yvonne ihm verfallen. Er nahm sie zum Essen mit in
teure Hotels, machte ihr Geschenke und schickte ihr Blumen. Er
umwarb sie mit wachsender Verehrung und verhaltener Leiden-
schaft, so daß sie sich wie eine Prinzessin vorkam. Schließlich bat er
sie in seine Wohnung, um etwas Wichtiges mit ihr zu besprechen,
und in dieser luxuriös eingerichteten Wohnung erklärte er ihr, daß er
sie gern heiraten wolle, es aber nicht könne, weil er schon verheiratet
sei. Seine Ehe sei aber zerbrochen, und er lebte in Scheidung. Es sei
nur noch eine Frage der Zeit, bis er sie bitten könne, dem Namen nach
Mrs. Maynard zu werden. Ob sie es aber nicht inzwischen schon in
Wirklichkeit sein könne? Sie wisse doch, daß er sie liebe.

Yvonne zog zu ihm.

Dann fing Raymond an, ein sorgenvolles Gesicht zu machen, und
schließlich sagte er auch, warum. Seine Scheidung koste sehr viel
Geld, und wenn sie ihren augenblicklichen Lebensstandard beibehal-
ten wollten, müßten sie ihr Einkommen verbessern. Das könne auf
einfache Art geschehen, wenn sie bereit wäre, ihm zu helfen. Er

würde von Zeit zu Zeit reiche Männer in die Wohnung schicken, wenn sie gerade allein wäre, und sie solle »nett« zu ihnen sein. Das würde ihren eigenen Liebesbeziehungen keinen Abbruch tun. Sobald sie genügend Geld zusammengebracht hätten, um die Kosten der Scheidung zu bezahlen, würde er auch nie wieder so etwas von ihr verlangen.

Yvonne war »nett« zu den Männern, die Raymond ihr in die Wohnung schickte.

Es dauerte nicht lange, da zeigte er sich wieder beunruhigt. Diesmal sagte er, die Polizei habe Verdacht geschöpft. Sie beobachte die Wohnung, und sie beobachte ihn. Sie müßten eine andere Methode finden, sonst würde man ihn bestrafen, weil er von dem unsittlichen Erwerb einer Frau lebe. Wenn sie aber ihre eigene Wohnung habe, auf die Straße gehe und sich selbst ihre Kunden suche, sei das ganz ungefährlich. Er, Raymond, werde alles Notwendige arrangieren.

Yvonne ging auf die Straße.

Nun wurde nicht mehr über die Scheidung gesprochen. Aber wenn sie nur 5 Pfund in der Nacht brachte, machte er ihr wortreich klar, daß das nicht genug sei. Sie müsse 10 Pfund pro Nacht verdienen, auch wenn das bedeute, daß sie ein zweites Mal auf die Straße gehen müsse. Und es sei albern, wenn sie wählerisch sei. Es komme einzig und allein darauf an, daß der Kunde bereit sei zu zahlen.

Allmählich wuchsen Raymonds Forderungen. Sie mußte fünfzehn, zwanzig, ja fünfundzwanzig Pfund pro Nacht verdienen. Er konnte sehr brutal werden, wenn ihr das nicht gelang, obwohl er ihr die Schläge so geschickt verabreichte, daß sie trotzdem in der nächsten Nacht auf die Straße gehen und verdienen konnte, was er verlangte. Und da er der einzige Mensch war, zu dem sie jetzt gehörte – seine Eifersucht hinderte sie daran, irgendwelche andere Freundschaften zu schließen –, war nur eins wirklich wichtig in ihrem Leben: ihm zu gefallen.

Wenn er lächelte, sie zärtlich streichelte, sagte, sie habe es gut gemacht, und ihr irgendein billiges Schmuckstück kaufte, war sie wie berauscht. Wenn er die Stirn runzelte, sie drohend fragte, warum sie so lange weggewesen sei und so wenig mitgebracht habe, war sie völlig deprimiert. Warum er selbst oft längere Zeit abwesend war, worin das »Geschäft« bestand, das ihn wer weiß wohin führte, davon hatte sie lange keine Ahnung gehabt. Aber jetzt wußte sie es, und deshalb hatte sie auch ein paar Drinks und Morphium genommen.

»Er hat außer mir noch zwei andere Mädchen«, schluchzte sie. »Ich dachte, ich wäre die einzige. Ich dachte, er liebe mich, auch wenn er mich schlecht behandelte. Ich habe es nicht gewußt. Drei Mädchen, die alle für ihn arbeiten! Und die dritte –«, sie stöhnte und preßte ihre Fäuste gegen die Stirn, »die dritte soll in meine Wohnung ziehen. Das hat er mir heute gesagt. Er hat gesagt, sie sei jünger und hübscher als ich. Ich müßte hinaus. Oh, was soll ich nur machen!?« Sie verlor das Bewußtsein und fiel in ihrem Sessel vornüber.

»Dieser Kerl! Dieses Scheusal!« murmelte Jean Bruce, während die beiden Frauen sie auszogen und ins Bett brachten.

Raymond Maynard – Raymond Maynard . . . Mary versuchte, den Namen einzuordnen. Die ganze Geschichte kam ihr irgendwie bekannt vor: die zufällige Begegnung, das vorsichtige Umwerben des Mädchens mit Aufmerksamkeiten und Geschenken, ohne etwas als Gegenleistung zu fordern. Dann ein schwebender Scheidungsprozeß als Grund dafür, daß nicht sofort geheiratet werden konnte, die Verführung, die sie allmählich auf die Straße brachte . . . Das erinnerte an die Methode, die Messinas und De Bonos manchmal anwandten, um Mädchen in ihre Gewalt zu bringen. Wer war dieser Raymond Maynard? Yvonne schlief fast den ganzen nächsten Tag, saß ziemlich teilnahmslos im Wohnzimmer, als sie schließlich aufgestanden war, und schien nicht in Stimmung zu sein, über ihre Zukunft zu sprechen. Mary versuchte auch nicht, dieses Thema anzuschneiden. Mochte das Mädchen erst einmal über den Schock hinwegkommen, den es erlitten hatte! Mochte sie sich erst einmal in einer freundlichen Atmosphäre erholen.

»Ich glaube, daß Gott Sie hierhergeführt hat und einen Ausweg aus diesem Wirrwarr finden wird, wenn Sie ihm vertrauen«, war alles, was sie sagte.

Aber Yvonne schien von Gottes Hilfe nichts zu erwarten. Sie ging am Abend zur gleichen Zeit wie Mary und Jean zu Bett, aber am nächsten Morgen war ihr Zimmer leer. Sie hatte sich leise hinausgeschlichen, und die beiden Frauen hatten keine Ahnung, wohin sie gegangen war. Als sie aber um Mitternacht langsam die Park Lane entlang-liefen, sahen sie sie wieder an der Ecke der Curzon Street stehen.

»Hier sind Sie also, Yvonne!« sagte Mary etwas erstaunt, aber ohne ein Zeichen von Gekränktsein. »Wir haben uns gefragt, was wohl passiert sein könnte. Warum haben Sie uns so schnell wieder verlassen? Wir dachten, Sie würden ein paar Tage bei uns bleiben.«

»Ich konnte nicht bleiben«, erwiderte Yvonne leise. »Ich schämte mich so, als ich mich in Ihrem sauberen kleinen Zimmer umsah und mir klar wurde, was aus mir geworden ist . . .« Ehe sie noch mehr sagen konnte, trat eine große, schlampig aussehende Frau neben sie, die Mary und Jean feindselig ansah.

»Es ist alles in Ordnung«, sagte sie. »Ich kümmere mich jetzt um sie.«

Stumm die Achseln zuckend, wandte sich Yvonne ab, und die beiden Heilsarmee-Offizierinnen konnten nichts anderes tun als weiter-gehen.

Es gab also eine Bande, in deren Netze Yvonne geraten war; wo man sie ihrer Selbstachtung beraubt und ihre Willenskraft zerbro-chen hatte. Und wieviel anderen Mädchen ging es ebenso!

»O Gott, greif ein, und zerreiß dieses Netzwerk des Lasters, das Menschen an Leib und Seele zerstört!« beteten sie still in ihrem Her-zen.

Einige Wochen später lasen sie in einer Zeitung einen Bericht über die Festnahme und Verurteilung eines Mannes, der von dem unsittlichen Erwerb von Frauen gelebt hatte. Athalia Messina, alias Raymond Maynard, war sein Name, und eine der Frauen, die für ihn arbeiteten – nicht Yvonne! –, hatte als Zeugin gegen ihn ausgesagt. Der Fall war so klar, daß er nicht anders konnte, als sich schuldig zu bekennen, und er wurde zu vier Jahren Gefängnis verurteilt.

»Ich weiß es nicht«, schrieb Mary Jahre später, »aber ich hoffe, daß Yvonne, nachdem sie von diesem schlechten Menschen losgekom-men ist, zu ihren Eltern zurückgefunden hat.«

Einige Zeit nach der Verurteilung von Athalia Messina stand eine Pressenotiz ähnlichen Inhalts in den Zeitungen. Diesmal hieß der Mann, der verurteilt wurde, Anthony de Bono. Er war ein Vetter der

Brüder Messina, der wie diese aus Malta gekommen war. Auch ihn hatte eine Prostituierte angezeigt. Die Polizei besaß eine Fülle von Informationen über de Bonos Helfershelfer und erklärte öffentlich, daß seine Familie wegen ihrer Beziehungen zum Laster berüchtigt sei.

»Sie wurden vom Ankläger als Zuhälter bezeichnet, und das sind Sie und werden Sie auch bleiben, soweit ich das beurteilen kann«, sagte der Richter zu ihm. »Diese Art zu leben liegt Ihnen offenbar im Blut. Als Sie das letzte Mal vor einem Gericht standen, wurden Sie zu zwei Monaten Gefängnis verurteilt. Diesmal gebe ich Ihnen zwei Jahre.«

Mary, die unter dem Publikum saß, war froh, daß sie diesmal nicht die Uniform angezogen hatte. Mehrere Mitglieder der De-Bono-Familie saßen neben ihr, und da Gillian, die Frau, die gegen ihn Klage erhoben hatte, erklärte, daß sie keine Prostituierte mehr sei, sondern in einem Heilsarmee-Heim lebe, hätte ihre Uniform provozierend wirken können. Gillian wohnte in der Tat im Augenblick in der Glaubenshütte. Die Polizei, die für ihre Sicherheit fürchtete, während der Prozeß lief, hatte Mary gebeten, sie aufzunehmen.

Als die Verhandlung vorüber war, bei der sie als Zeugin ausgesagt hatte, wollte sie London so schnell wie möglich verlassen.

»Sie werden mich schnappen, wenn ich hierbleibe«, sagte sie zu Mary. »Und es ist auch besser, wenn Sie nicht wissen, wo ich hingehe. Es ist sicherer – für Sie und auch für mich. Leben Sie wohl, Kapitänin, und vielen Dank! Was auch immer geschehen mag, ich gehe nicht wieder auf die Straße.«

Sie verließ die Glaubenshütte, und Mary hörte nichts wieder von ihr.

So war es oft. Sie suchten Hilfe bei ihr, lernten das einfache, geschäftige Leben in der Glaubenshütte kennen, hörten die Andachten, erhielten Antwort auf die Frage: »Warum tun Sie das alles für mich?«, bedankten sich und gingen fort. Mary verstand das. Wenn die Mädchen sich wirklich bemühten, ein neues Leben anzufangen, wollten sie alles vergessen, was sie an die Vergangenheit erinnerte. Und Marys Aufgabe war ja dann auch erfüllt. Aber tief in ihrem Herzen hoffte und betete sie darum, daß sie aus den Andachten etwas mitnehmen möchten, was ihnen Kraft zu ihrem neuen Leben gab.

Inzwischen ging die Zeit der Mitternachtsstreifen in ihrer gewohnten Form zu Ende. Ein Gesetz, »The Street Offences Act«, war verabschiedet worden, nach dem Mädchen und Frauen, die zur gewerbsmäßigen Unzucht aufforderten, beim ersten Verstoß mit zehn, beim zweiten mit zwanzig Pfund und beim dritten mit Gefängnis bestraft wurden. Die Folge davon war, daß die Prostituierten ihre Kunden nicht mehr auf der Straße auflesen konnten. Und was würden sie dann tun?

Am 15. August 1959 trat das neue Gesetz in Kraft. Mary und Jean machten sich wie gewöhnlich auf den Weg nach Marble Arch und von dort ins Westend. Sie waren gespannt, welche Wirkung dieses Gesetz haben würde; wieviel Prostituierte sich darüber hinwegsetzen und wie gewöhnlich auf den Straßen sein würden.

Zu ihrem größten Erstaunen waren sie alle verschwunden, als ob sie der Erdboden verschluckt hätte.

Die Mitternachtsstreife verlief ohne die gewohnten Begegnungen oder Gespräche, so daß sie rechtzeitig zum letzten Bus nach Kings Cross kamen. Mary sah Jean fast bestürzt an. Dann mußte sie lachen.

»Wir sind wie zwei Hennen, die ihre Küken verloren haben«, sagte sie. Und nun lachten sie beide. Aber dann fügte sie ernster werdend hinzu: »Ich möchte doch gern wissen, wo sie sind und wie wir sie nun finden sollen.«

6. Die Klubs

»Kapitänin Bruce war den ganzen Januar über in East Grinstead, so daß während dieses Monats keine Mitternachtsstreifen stattfanden«, schrieb Mary sieben Monate nach Inkrafttreten des neuen Gesetzes in ihr Tagebuch. »Aber im Februar und März haben wir uns bemüht, etwas ›Straßenarbeit‹ zu tun und uns über Klubs im Westend und hier bei uns zu informieren. Dabei stellten wir fest, daß besonders die Striptease-Klubs im Westend Nacktfotos der Modelle ausstellen, die an der Show teilnehmen. Eine ganze Anzahl dieser Fotos grenzen ans Obszöne und erregen bei vielen Menschen Anstoß. Ich wünschte, daß dagegen protestiert würde.«

Mary und Jean Bruce, die mit wachen Augen durch die Straßen gingen, entdeckten bald, welche Mittel und Wege die von den Bürgersteigen vertriebenen Prostituierten fanden, um sich weiterhin anzubieten. Mietwagen fuhren langsam durch die Straßen, gelenkt von Mädchen, deren Augen die Trottoirs absuchten. Kleine Pudel wurden nach Dunkelwerden von Frauen spazierengeführt, die einladend mit ihrem Schlüsselbund klimperten. Die beliebteste Werbemethode aber war, in Läden und Geschäften Anzeigen aushängen zu lassen. Eine Menge kleiner Karten mit Telefonnummern von »Modellen« hingen neben solchen, auf denen Aktien und Wertpapiere oder Massagen oder Gummiwaren angeboten wurden, und manchmal wimmelten die Bürgersteige von Männern, die sich Nummern aufschrieben.

»Was haben Sie gemacht, seit das neue Gesetz in Kraft getreten ist?« fragte Mary eine schick gekleidete junge Frau, die sie eines Tages in der Untergrundbahn traf. Sie kannte Rita als eins der Park-Lane-Mädchen, hatte aber seit August nichts mehr von ihr gehört oder gesehen.

»Oh, ich bin nach Hause gefahren, nach Wales. Aber ich konnte dort nicht zurechtkommen. Nun habe ich mir hier eine Wohnung mit Telefon gemietet. Ein teurer Spaß, aber es lohnt sich. Ich brauche jetzt nicht mehr bei jedem Wetter hinaus und verdiene mehr als früher.«

Der Skandal war von der offenen Straße verbannt worden, aber bald zeigte sich, daß das, was die Straße nicht mehr bot, von den Klubs geboten wurde. Klubs mit exotischen Namen, verlockenden Plakaten und vagen Mitgliedsbestimmungen öffneten geheimnisvoll ihre Türen in Kellergeschossen, hinter kleinen Läden und neben Kneipen. Es hatte schon immer einige gegeben, aber jetzt schossen sie wie Pilze aus der Erde und verschwanden manchmal ebensoschnell. Mary wußte, daß in einigen dieser Klubs nicht nur die älteren, erfahrenen Prostituierten zu finden waren, sondern auch die leicht verführbaren, Abenteuer suchenden jungen Mädchen, die sie gern warnen wollte, ehe sie in den Strudel gerieten, aus dem so wenige wieder herauskamen. Aber wie konnte eine Heilsarmee-Offizierin in Uniform Zutritt zu diesen Klubs erlangen?

Dafür sorgte der Vermißten-Suchdienst, der in fast allen Ländern der Erde vertreten ist. Von Zeit zu Zeit wurden auch Mary und ihre jeweilige Kollegin in der Glaubenshütte gebeten, ein vermißtes Mädchen suchen zu helfen, und als die Mitternachtsstreife gerade erst ins Leben gerufen worden war, hatte Ruth Hood ein solches vermißtes Mädchen gefunden.

Mary erinnerte sich recht gut an den Vorfall. Als sie nach einem auswärts verbrachten Wochenende in die Glaubenshütte zurückkam, hatte Ruth ihr erzählt, warum sie das Verbot, nachts allein nach Soho zu gehen, übertreten hatte.

»Der herzzerreißende Brief der Mutter des Mädchens bewog mich, in einigen der Schlupfwinkel nach ihm zu suchen. Es war erst siebzehn Jahre alt. Nach langem Umherlaufen stand ich plötzlich vor einer Kellerwirtschaft und hatte das Gefühl, hineingehen zu müssen. Als ich die Stufen hinunterging, kam ein Polizist auf mich zu und sagte:

›Es tut mir leid, aber Sie können heute abend nicht in diesen Klub gehen, Kapitänin.‹

›Aber ich muß!‹ sagte ich, und schließlich ließ er mich gehen, sorgte aber dafür, daß ein Detektiv in meiner Nähe blieb.

Ich werde dieses Erlebnis nie wieder vergessen. Dieser mit Menschen vollgestopfte, spärlich erleuchtete Raum voller Tabaksqualm und lärmender Musikbox-Musik . . . Aber ich hatte das Gefühl, daß das Mädchen, das ich suchte, hier war. So sah ich mich um, und da fiel mein Blick auf ein blondes junges Ding, das neben einem Farbigen saß. Es machte einen völlig deprimierten Eindruck und schien obendrein unter Drogeneinwirkung zu stehen.

Eine innere Stimme sagte mir: ›Das ist sie!‹ So beugte ich mich zu ihr und rief sie leise an:

›Hallo, Dorrie!‹

Sie hob langsam den Kopf und sah mich an. Da fuhr ich fort: ›Wollen Sie mit zu mir nach Hause kommen?‹

Langsam, aber ohne zu zögern stand sie auf, und wir gingen hinaus. War das nicht wunderbar? Gott hatte mich genau an den richtigen Ort und zu dem richtigen Mädchen geführt. Als ich sie dann in die Glaubenshütte gebracht, ihr etwas zu essen und ein warmes Bad gegeben hatte, war es vier Uhr morgens. Sie schlief den ganzen Tag, und sie ist immer noch in keinem guten Zustand. Ich glaube, Mary, wir müssen mit ihr zum Arzt gehen.«

Sie hatten ihr saubere Kleider gegeben, sie in ein Krankenhaus gebracht und ihre Mutter benachrichtigt. Und sie hatten gehofft, daß dieses Mädchen, das auf so wunderbare Weise gefunden worden war, zu einem normalen Leben zurückkehren und wieder Selbstachtung bekommen würde. Aber Dorrie verschwand wieder, und bald hörten sie, daß sie wieder auf den Strich ging. Es war eine der großen Enttäuschungen gewesen, die sie damals in Versuchung gebracht hatten, zu fragen: »Ist diese Arbeit überhaupt der Mühe wert?« Da hatten sie neue Hoffnung aus einem Liedervers geschöpft, in dem Gottes Gnade als helfende und heilende Kraft bei allem menschlichen Versagen gepriesen wurde. Wenn sie durch Güte und Freundlichkeit im Herzen des einen oder anderen Mädchens die Sehnsucht nach Gottes Hilfe wecken konnten, dann hatte sich ihre Arbeit gelohnt. Jedenfalls standen sie wie Soldaten auf vorgeschobenem Posten, und wichtig war, daß sie dort waren, wohin man sie geschickt hatte, und die Arbeit taten, die ihnen aufgetragen worden war. Wenn also die Prostituierten von den Straßen verschwunden waren, mußten sie ihnen dahin folgen, wo sie hingegangen waren. Ihre Heilsarmee-Uniform war an sich schon eine Empfehlung, und kein Pförtner der Klubs, die sie häufiger besuchten, verweigerte ihnen je den Zutritt, wenn sie sagten, sie suchten ein Mädchen, das von seinen Eltern als vermißt gemeldet worden sei.

So gingen denn Mary und ihre Kollegin in die spärlich beleuchteten Klubs, dankbar für die Gelegenheit, Kontakt mit einigen der Mädchen zu behalten, die in das Nachtleben der Unterwelt hineingezogen worden waren. Während sie in den Spiel-, Trink- und Stripteaseklubs ein- und ausgingen, lernten sie einige der ungeschriebenen Gesetze kennen, die dort eingehalten wurden. Aufgabe der Hostessen war es, die Gäste zum Geldausgeben beim Spielen oder Trinken zu ermutigen, aber nicht für sich selbst Kunden zu werben. Die Mädchen, die ihren Körper in den Striptease-Klubs zur Schau stellten, blieben nicht da, um die Leidenschaften, die sie erregt hatten, zu befriedigen. Das überließen sie andern. Sie selbst packten ihr Köfferchen, um sich in einem andern Klub zu produzieren. Wenn sie auch nur in den Verdacht kamen, unbefugt in das Revier einer andern einzudringen, konnte es ihnen gehen wie Gloria, der von einer eifersüchtigen Prostituierten die lang herabbaumelnden Ohrringe aus den Ohren gerissen wurden.

Die Suche nach einem vermißten Mädchen war nicht der einzige Grund, der Mary und ihre Kollegin berechtigte, einen Klub zu betreten. Eines Tages wurde Mary von einem Mädchen gebeten, das sie bei einem ihrer Gefängnisbesuche kennengelernt hatte, deren Koffer in einem Klub in Soho abzuholen und aufzubewahren. Die Garage der Glaubenshütte war voll von Schachteln, Koffern und Bündeln heimatloser Frauen und Mädchen, die eine Strafe absaßen.

Als Mary ihr Anliegen in dem betreffenden Klub vorbrachte, stieß sie auf Schwierigkeiten.

»Sie müssen fünf Pfund bezahlen, wenn sie den Koffer mitnehmen wollen«, sagte man ihr.

Damit hatte sie nicht gerechnet, bat aber darum, daß der Koffer geöffnet und festgestellt würde, was er enthielt. Der klägliche Ramsch von Kleidern, Schuhen, angebrochenen Kosmetikfläschchen und billigem Schmuck sprach für sich selbst.

»Der granze Kram ist keine fünf Pfund wert«, sagte Mary, und der Geschäftsführer des Klubs konnte es nicht leugnen.

»Er hat für niemand sonst Wert als für das Mädchen, das im Gefängnis sitzt und ihn nicht abholen kann. Der Koffer nimmt Ihnen nur Platz weg. Sollen wir ihn nicht lieber bei uns aufheben?«

Der Mann hatte nichts dagegen und erlaubte ihr sogar, an einem Abend in den Klub zu kommen und die Zeitschrift »Der Kriegsruf« dort zu verkaufen. Es traf sich, daß an jenem Abend gerade ein paar Polizisten peinliches Interesse für die Veranstaltungen des Klubs zeigten, obwohl der Geschäftsführer beteuerte, daß hier nichts vor sich gehe, was auch nur das zarteste Gewissen verletzen könne. Harmlose junge Männer und unschuldige junge Mädchen seien hier vollkommen sicher; jede Person mit zweifelhaftem Ruf werde streng ausgeschlossen. Daß die beiden Heilsarmee-Offizierinnen in diesem Augenblick mit einem Bündel ihrer Zeitschrift »Der Kriegsruf« über dem Arm erschienen, war für ihn ein Wink des Schicksals.

»Da sehen Sie!« rief er im Tone gekränkter Unschuld. »Wie ich Ihnen schon gesagt habe: sehr respektabler Klub! Die Heilsarmee kommt hierher!«

Nachdem Mary und Jean jedoch ihre Zeitschrift ein paarmal während des Striptease-Aktes an den Tischen verkauft hatten, erhielten sie plötzlich erst nach Beendigung der Show Zutritt zu den Klubs. Die Geschäftsführer hatten bemerkt, wie ihre Gegenwart auf einige der männlichen Kunden gewirkt hatte. Sie senkten beschämt die Augen vor dem festen Blick der beiden Frauen in ihrer bescheidenen dunkelblauen Uniform, und ein beunruhigendes Füßescharren zeigte, daß das Interesse an der Show nachgelassen hatte. Das beeinträchtigte das Geschäft, und so mußten sie in Zukunft vor der Tür warten, bis der Striptease-Akt zu Ende war.

Obwohl sie von Zeit zu Zeit noch diesen Rundgang durch die Klubs machten, hatte sich der Charakter ihrer Arbeit doch sehr verändert. Es war infolge des neuen Gesetzes nicht nur schwieriger geworden, mit einer größeren Anzahl von Prostituierten in Kontakt zu kommen und zu bleiben, sondern es kam auch immer häufiger vor, daß sie die Glaubenshütte nicht verlassen konnten, weil sie ein oder zwei Mädchen aufgenommen hatten, die ihnen von der Polizei oder von Bewährungshelfern geschickt worden waren. Aber zu diesem Zweck wohnten sie ja auch hier! Nur wenn die oberflächlichen Kontakte, die auf der Straße, in den Klubs oder bei Gerichtsverhandlungen aufgenommen worden waren, irgendwo und irgendwie vertieft werden konnten, waren vielleicht Erfolge zu erwarten. Colleens Leben wäre womöglich ganz anders verlaufen, wenn Mary nicht die Glaubenshütte gehabt hätte, in die sie sie bringen konnte.

Nach Inkrafttreten des neuen Gesetzes war Colleen aus London verschwunden, und das einzige, was Mary über sie erfahren hatte, war, daß sie wahrscheinlich zu ihren Eltern nach Irland zurückgekehrt sei und ihren kleinen Jungen mitgenommen habe. Aber eines Abends im Juli 1961 klopfte es an die Haustür. Draußen stand Colleen, die mit einem Taxi gekommen war. Sie war völlig betrunken.

»Kennen Sie mich noch?« fragte sie mit belegter Stimme. »Ich bin Colleen . . . Ich wollte Sie einmal besuchen . . . Wollen Sie mir bitte helfen?«

»Kommen Sie herein!« sagte Mary und zog sie ins Haus. »Was haben Sie denn da unterm Arm?«

»Das sind meine ganzen Papiere«, antwortete Colleen verlegen. »Ich will zu Ned nach Amerika, verstehen Sie? Aber ich möchte erst ein anständiges Leben anfangen. Ich möchte, daß Sie mir helfen, ein anständiges Leben anzufangen . . .«

»Ruhen Sie sich erst ein bißchen aus, und stärken Sie sich mit einer Tasse Tee!« sagte Mary und führte sie ins Wohnzimmer. »Und dann erzählen Sie mir, was Sie erlebt haben, seit Sie nicht mehr hier waren.«

So erzählte ihr Colleen die Geschichte der letzten zwei Jahre.

Nachdem Ned in die USA zurückversetzt worden war, hatte sie sich weiter mit amerikanischen Soldaten vergnügt und bis April 1960 mit einem von ihnen zusammengelebt. Aber trotz ständiger Zerstreuung und viel Alkohol hatte sie immer ein Gefühl der Verantwortung für ihren kleinen Jungen gespürt und schließlich den Entschluß gefaßt, zu ihrer Mutter nach Irland zurückzugehen. Eines Tages erhielt sie Nachricht von Ned, daß er sie besuchen wolle. Er hatte ihr seit seiner Rückkehr in die USA regelmäßig geschrieben, aber in den letzten Wochen waren seine Briefe mit dem Vermerk »unbekannt verzogen« von London zurückgekommen. Wäre Ned wie andere Männer gewesen, die Colleen bisher kennengelernt hatte, dann hätte er es jetzt aufgegeben. Aber er konnte sie nicht vergessen. Er hatte damals einen Zivilberuf in New York, und als er seinen Urlaub bekam, fuhr er nach London, suchte nach ihr, folgte ihr nach Irland und fragte sie erneut, ob sie ihn heiraten wolle. Diesmal willigte sie ein. Sie fuhren zusammen nach London und heirateten dort, zwei Tage bevor er nach Amerika zurückkehrte. Vor seiner Abreise sagte er ihr genau, was sie zu tun habe, um einen Reisepaß, ein Visum und einen Impfschein zu bekommen, und ließ ihr das nötige Geld für die Flugkarte und ihren Lebensunterhalt bis zur Abreise zurück.

»Ich warte drüben auf dich, Liebling«, versicherte er mir. »Nun sieh, daß du alle Vorbereitungen schnell erledigst.«

»Aber ich traf ein paar von meinen früheren Freundinnen und lud sie zu einem Drink ein. Dann gingen wir zu einer Party, und irgendwie verfiel ich wieder dem Alkohol. Ned schrieb mir weiter, schickte mir noch zweimal das Fahrgeld und noch etwas mehr und bat mich immer wieder, so schnell wie möglich zu ihm zu kommen. Aber ich trank so viel, daß ich wegen Alkoholvergiftung ins Krankenhaus mußte. Er schrieb mir jeden Tag dorthin. Er schrieb, er würde mir diesmal die Flugkarten schicken, nicht das Geld . . .

Ich möchte gern zu ihm fahren, Kapitänin, aber ich weiß nicht, wie ich es schaffen soll. Sobald ich wieder einen Tropfen Alkohol trinke . . . Sie wissen ja, wie das ist . . . Wollen Sie mir helfen? Ich möchte doch so gern herauskommen . . .«

Mary nickte ihr freundlich zu. »Nun zeigen Sie mir einmal, was in diesem Briefumschlag ist!« sagte sie dann.

Der Briefumschlag enthielt Colleens Geburts- und Heiratsurkunden, den Reisepaß und das Visum, alles Dinge, die sie zu ihrer Fahrt nach Amerika brauchte. Nur der Impfschein und die Flugkarte fehlten noch.

Kopfschüttelnd sah Mary zu Colleen hinüber. Es war wie ein Wunder, daß ihr diese wertvollen Dokumente bei der Zecherei und auf dem Weg zur Glaubenshütte nicht verlorengegangen waren.

»Diese Papiere werde ich für Sie aufheben«, sagte sie bestimmt. »Und Sie legen sich jetzt sofort ins Bett, Colleen! Morgen gehen wir zusammen zum Arzt, um Sie impfen zu lassen, und Sie schreiben Ned Ihre hiesige Adresse. Wenn er Ihnen dann die Flugkarte geschickt hat, bringen wir Sie sicher zum Flugzeug.«

Am nächsten Tag ging Colleen in ihre bisherige Wohnung, um ihre Habseligkeiten zu holen. Als sie nach einigen Stunden zurückkam, war sie ziemlich betrunken und hatte noch eine Flasche Gin in der Hand, nicht aber den Koffer.

Wieder wurde sie ins Bett gesteckt, diesmal nicht ohne einen Verweis von Mary. Am nächsten Tag ging sie wieder fort, um ihre Sachen zu holen, kam aber überhaupt nicht zurück. Da war nichts anderes zu machen, als zu warten, daß sie wieder auftauchte. Mary, die wußte, wie unberechenbar Alkoholiker sind, ging ihrer Arbeit wie gewöhnlich nach. Aber ihre Gedanken waren immer bei Colleen. Sie schien dem Alkohol so verfallen zu sein, daß sie nur durch ein Wunder wieder davon loskommen konnte. Wenn dieses Wunder nicht geschah, was für ein Eheleben würde dann diesen jungen Amerikaner erwarten, dessen Geduld und Treue es bisher nicht gelungen war, sie zu ändern!

Am Sonntag gingen Mary und Jean vormittags und abends zum Gottesdienst in die Regent Hall und baten Gott immer wieder, das Wunder zu tun, das sonst niemand tun konnte. Als sie in die Glaubenshütte zurückkamen, sahen sie eine Gestalt auf der Treppe kauern. Es war Colleen, die eine Flasche Gin im Arm hielt.

»Geben Sie mir diese Flasche!« sagte Mary ruhig, aber fest. »Und nun stehen Sie auf, und gehen Sie hinein!«

Colleen gehorchte ohne Widerrede. Als sie sie zu Bett brachten, war sie fast nüchtern, so daß Mary beschloß, ernst mit ihr zu sprechen.

»Colleen, Sie wissen, daß Sie eine einzigartige Chance bekommen haben, ein anständiges, nützliches Leben zu führen, und Sie werfen diese Chance weg. Sie haben alles, was Ned Ihnen gegeben und für Sie getan hat, angenommen und ruinieren dafür sein Leben. Er weiß, wie schlimm Sie es getrieben haben, und trotzdem ist er herübergekommen und hat Sie zu seiner Frau gemacht. Er hat alles getan, was ein Mann tun kann, um Ihnen zu helfen und Sie in sein Heim zu holen, wo er sich um Sie kümmern und für Sie sorgen kann, und Sie werfen das alles weg für Alkohol, Alkohol, Alkohol!«

Colleen sah Mary flehend an.

»Ich weiß das«, sagte sie verzweifelt. »Aber ich weiß nicht, warum ich so bin. Ich möchte nicht so sein, aber ich kann es nicht ändern. Ich kann es nicht ändern!«

»Möchten Sie es denn ändern, Colleen?« fragte Mary. »Wären Sie bereit, das Trinken aufzugeben, wenn Sie die Kraft dazu hätten? Das ist die Frage, die ich Ihnen stelle. Nicht, ob Sie es können oder nicht, sondern ob Sie bereit wären, damit Schluß zu machen, wenn Sie die Kraft dazu hätten.«

»Aber ich habe nicht die Kraft«, murmelte Colleen mutlos. »Ich kann das Trinken nicht lassen, ich kann nicht . . .«

»Sie haben nicht die Kraft, aber Gott kann sie Ihnen geben«, sagte Mary. »Er kann Ihnen die Kraft geben, nicht mehr Alkohol zu trinken. Er kann Ihnen die Kraft geben, ein anständiges Leben zu führen, das frei ist von all dem, was Sie verdorben hat und das Leben des Mannes verdirbt, der Sie liebt. Gott kann Ihnen die Kraft geben, und er ist bereit, es zu tun. Jesus starb am Kreuz, um Sie zu retten und Ihnen die Kraft zu geben, ein anständiges Leben zu führen. Die Frage ist, ob Sie bereit sind, sie anzunehmen und den Alkohol aufzugeben.«

Was in dieser Nacht mit Colleen geschah, läßt sich schwer erklären. Aber daß sie sich verändert hatte, war offensichtlich. Wenn sie fortging, um etwas zu besorgen, kam sie immer nüchtern wieder. Sie vermied es, mit ihren alten Bekannten zusammenzutreffen, und ihre einzige Sorge war, so schnell wie möglich zu Ned nach Amerika zu kommen. Sie hatte ihm geschrieben, daß sie reisefertig sei, und wartete nur noch darauf, daß er ihr die Flugkarte schickte. Aber zum ersten Mal blieb ein Brief von ihr unbeantwortet. Und als ein Tag nach dem andern verging, ohne daß Ned etwas von sich hören ließ, bekam sie es mit der Angst zu tun. Hatte er es satt bekommen, auf sie zu warten?

Tag für Tag wurde das Anliegen im Gebet vor Gott gebracht. »O Herr, mach, daß wir bald etwas von Ned hören und daß die Flugkarte bald ankommt!«

Nachdem mehr als eine Woche vergangen war, entschloß sich Mary, ihm selbst zu schreiben und zu bestätigen, daß Colleen bei ihr wohnte. Sie bat ihn, ihr zu antworten, und versprach ihm, Colleen persönlich zum Flugzeug zu bringen, wenn er die Flugkarte geschickt habe.

Ein paar Tage später kam ein Telegramm, in dem Ned mitteilte, daß er zehn Tage im Krankenhaus gewesen sei, eben erst die Briefe erhalten habe und die Flugkarte sofort abschicken werde.

Nun ging alles glatt. Am Abend vor ihrer Abreise besuchte Colleen noch mit Mary die Evangelisation in der Regent Hall. Der Chor sang, und die Kapelle blies jubelnd ihre Trompeten, aber niemand in dem großen, gewölbten Gebäude pries Gott inniger als Mary Scott. Das war einer der Augenblicke, wo alle Enttäuschungen, die ihre Arbeit mit sich brachte, in der überschäumenden Freude über eine junge Prostituierte versanken, die Buße getan hatte . . .

Am nächsten Tag gingen sie zusammen zum Londoner Flughafen, und unterwegs versuchte Colleen ihre Dankbarkeit in Worte zu kleiden.

»Ich weiß nicht, warum ich an jenem Abend zu Ihnen gekommen bin«, sagte sie ernst. »Ich glaube, daß Gott mich geschickt hat. Mir war, als sagte eine Stimme in mir, daß Sie mir helfen würden. Diesen Monat in der Glaubenshütte werde ich nie vergessen. Ich habe so viel gelernt! Ich weiß nicht, wie ich Ihnen danken soll, aber . . . ich werde es nie vergessen, Kapitänin Scott!«

Mary fuhr in die Glaubenshütte zurück und schrieb in ihr Tagebuch:

»Vom ersten Augenblick an wußten wir, daß unsre Arbeit hier eine langfristige würde. Das hat sich jetzt, nach fünfeinhalb Jahren, bestätigt. Ich mußte heute daran denken, als ich auf dem Flughafen stand und zusah, wie sich eine riesige Maschine der ›Pan Am‹ in die Lüfte hob und in den Wolken verschwand. Und als ich an die glückliche junge Frau dachte, die darin saß, jubelte es in meinem Herzen: ›Mein Gott, wie wunderbar bist du!‹«

7. Das Ende eines Kapitels

»O Florence!« sagte Mary vorwurfsvoll. »Schon wieder!« Sie machte Besuche im Holloway-Gefängnis und traf auch Flo wieder dort an – zum vierten Mal in diesem Jahr und immer aus demselben Grund: wegen Belästigung . . .

Flo lebte seit einiger Zeit mit Marvin, einem jungen Hotelbesitzer zusammen, der sie gern hatte und dem sie, wenn sie nüchtern war, fleißig im Haus und in der Küche half. Wenn sie aber zu tief ins Glas geschaut hatte und irgendwie in Wut geriet, fing sie an zu toben und sich mit ihm oder mit den Gästen zu prügeln. Sein Vater hatte einen Detektiv beauftragt, Beweismaterial zu sammeln, damit ihr durch eine gerichtliche Verfügung das Haus verboten werden konnte, wenn Marvin sie nicht anders loswurde. Das störte aber ihre Beziehungen zueinander sehr wenig, und wenn Flo in Geldverlegenheit war und Marvin um einen Drink oder um ein Bett für die Nacht bat, war dieser immer wieder bereit, ihr beides zur Verfügung zu stellen.

Jetzt saß sie also wieder im Gefängnis und sagte einfältig lächelnd zu Mary:

»Ich habe es nicht böse gemeint. Es ist der Alkohol – Sie wissen ja . . . Ich wundere mich, daß Sie mich noch nicht als hoffnungslos aufgegeben haben, Kapitänin Scott.«

»Ich gebe niemand als hoffnungslos auf«, erwiderte Mary. »Und Gott hat Sie auch nicht aufgegeben, Flo. Er hat mich hierhergeschickt, damit ich Ihnen das sage. Der Hirte hält die Tür für das kleine schwarze Schaf offen. Das wissen Sie doch!« Damit spielte sie auf das Bild in der Glaubenshütte an. »Und er wird Sie willkommen heißen, wenn Sie hineingehen. Aber Sie müssen hineingehen!«

Bei diesen Gefängnisbesuchen traf Mary oft Prostituierte, die sie auf der Straße gesehen hatte, und nutzte die Gelegenheit, mit ihnen über Dinge zu sprechen, über die sie dort nicht mit ihnen hatte sprechen können.

Als sie eines Tages in eine Zelle trat, stutzte sie erst einen Augenblick, als die Insassin sagte:

»Hallo, Kapitänin Scott! Wie schön, daß Sie gekommen sind! Sie kennen mich wohl nicht mehr! Ich bin Rosina.«

»Rosina! Natürlich!«

In dem Mädchen mit dem glatten, kurzgeschnittenen Haar und der grauen Gefängnistracht war die hübsche, gutgekleidete junge Prostituierte, die immer an der Ecke der Half Moon Street gestanden hatte, wirklich kaum wiederzuerkennen.

»Sie haben manchmal mit mir gesprochen«, fuhr Rosina fort. »Ich weiß noch, wie Sie zu mir gesagt haben, ich würde mein gutes Aussehen bald verloren haben, wenn ich so weiterlebte. Ich glaube, Sie hatten recht . . . Während ich diesmal hier eingesperrt bin, muß ich immerzu über das Leben auf der Straße nachdenken. Es führt dazu, daß man sich bei dieser Arbeit elend fühlt, sich aber befangen und schuldig vorkommt, wenn man mit anständigen Menschen zusammen ist. Oh, ich habe schon jede Art von Gefühlen kennengelernt. Für mich gibt es nichts mehr zu erleben. Mir ist, als stände ich vor einer leeren Wand. Können Sie das verstehen?«

»Ja, ich glaube schon«, erwiderte Mary nachdenklich. Ja, sie konnte sie verstehen, weil andere Prostituierte, wenn auch mit anderen Worten, von dem gleichen Gefühl der Leere und Verzweiflung gesprochen hatten, das sie allerdings niemals kennengelernt hatte.

»Aber ich weiß auch, daß es in diesem Fall gut ist, nicht die leere Wand anzusehen, sondern nach oben zu schauen.«

Rosina sah sie einen Augenblick verständnislos an. Aber dann schien sie die Bedeutung der Worte »nach oben schauen« zu begreifen: wegschauen von der häßlichen, dunklen Sackgasse, in die das Leben auf der Straße führte; weg von dem Unglück der Isolierung und der Angst vor der Zukunft – nach oben schauen, wo Gott ist, Gott, der Mitleid hat, der, wie Kapitänin Scott sagte, sogar einem Mädchen wie ihr helfen konnte.

»Ja«, flüsterte Rosina, und ein schwaches Lächeln erhellte ihr bekümmertes junges Gesicht. »Ich darf immer nach oben schauen, nicht wahr?«

Solche Gespräche konnten der Wendepunkt in einem Leben sein, und Mary war immer darauf bedacht, praktische Vorschläge folgen zu lassen.

»Ich werde am Tor auf Sie warten, wenn Sie entlassen werden, und Sie in ein Heim bringen, wo Sie wohnen können, bis Sie einen neuen Job gefunden haben und ein anderes Leben anfangen können.«

Wenn man Strafentlassene abholen wollte, mußte man früh aufstehen, um mit dem ersten Bus gegen acht Uhr morgens am Gefängnistor zu sein. Aber die ersten Minuten nach dem Verlassen des Gefängnisses waren so voller Gefahren und Versuchungen, daß die Offizierinnen der Mitternachtsstreife beschlossen hatten, keine der Frauen, die irgendwie den Wunsch geäußert hatten, ein anderes Leben anzufangen, in diesen Augenblicken allein zu lassen. Das Entlassungsdatum einer Gefangenen wurde nicht geheimgehalten, und es konnte sein, daß irgendeine ihrer Bekannten am Tor stand und auf sie wartete, um sie in das alte Leben zurückzuholen. Dem hieß es zuvorkommen. Das Tagebuch in der Glaubenshütte war voll von Berichten über Strafentlassene, die Mary und ihre Kollegin zum Frühstück und zur Andacht in die Glaubenshütte mitgenommen und dann in den Zug nach Hause gesetzt oder auch zwei bis drei Tage dort behalten hatten. Aus manchen Eintragungen ging hervor, daß die Begegnungen am Gefängnistor manchmal nicht ohne Zwischenfall abgelaufen waren. So hieß es in einem der kurzen Berichte:

»Dorothy Brown, schwanger. Kapitänin Cook erwartete sie bei ihrer Entlassung. Auch eine andere Entlassene und vier farbige Männer warteten auf sie. Kapitänin Cook rief ein Taxi und brachte sie zu einem Zug nach Bristol.«

Das hätte anders auslaufen können, wenn die Heilsarmee-Offizierin nur fünf Minuten später gekommen wäre . . .

Ende 1961 schrieb Mary in ihr Tagebuch:

»Die Fahne der Heilsarmee ist in Holloway gehißt worden. Nein, sie weht nicht majestätisch auf dem hohen Türmchen, es ist nur eine kleine Fahne, und sie steht in der Ecke von Rhonas Zelle als Zeugnis dafür, daß sie wieder glaubt und den Wunsch hat, ›gut‹ zu sein.

Eines Tages bat sie mich, zu ihr zu kommen, und sagte: ›Ich möchte meine Religion wechseln. Ich möchte Angehörige der Heilsarmee werden.‹ Ich mußte ihr klarmachen, daß sie das nicht dadurch werden könnte, daß sie die Eintragung auf ihrer Personalkarte ändern ließ, sondern daß sie zu Gott kommen, ihre Sünden bekennen, bereuen und daran glauben müsse, daß Gott ihr helfen könnte; und daß dann andere, auch im Gefängnis, Beweise dafür erwarten würden, daß sich ihr Leben geändert habe. Als ihr Gesuch zur Billigung an mich geschickt wurde, las ich, daß sie als Grund für ihren Wunsch, die Religion zu wechseln, geschrieben hatte: ›weil ich meine ganze religiöse Erziehung in Heilsarmee-Heimen erhalten habe‹. Rhonas innere Wandlung bewog die Heilsarmee-Leitung, ihr einen großen Wunsch zu erfüllen. Sie darf in den Quartieren der Außen-Offiziere arbeiten. Wir beten darum, daß sie innerlich immer mehr wächst, bis sie das Gefängnis verlassen und ein neues Leben beginnen kann.«

Eines Tages sah Mary beim Betreten einer Gefängniszelle die dunkeläugige Gloria mit den lang herabbaumelnden Ohrringen und den zerrissenen Ohrläppchen vor sich. Sie verbüßte eine Freiheitsstrafe dafür, daß sie für den Klub auf der Straße Kunden geworben hatte.

»Wie schön, daß Sie gekommen sind!« sagte sie, offenbar wirklich erfreut. »Ich mag die Heilsarmee. Ich war als kleines Kind in einem Heim in Strawberry Fields. Kennen Sie das? Es ist sehr schön dort, und alle waren nett zu mir. Meine Brüder waren bei Dr. Barnardo.«

Es war das erste Mal, daß Mary von Gloria so viel über deren Kindheit erfuhr, und sie ermutigte sie, fortzufahren. »Sie haben also zwei Brüder, Gloria? Wo sind sie jetzt? Stehen Sie mit ihnen in Verbindung?«

»Oh, ich habe in Wirklichkeit drei Brüder, Kapitänin! Der älteste ist irgendwo in Wales. Ich habe seit Jahren nichts mehr von ihm gehört. Die beiden andern, die bei Dr. Barnardo waren, sind nach Australien gegangen. Als ich sie das letzte Mal sah, war ich noch ganz klein. Die Schwestern vom Heim zogen mich schick an und nahmen mich mit zum Bahnhof irgendeiner großen Stadt. Sie sagten: ›Wir bringen dich zu deinen Brüdern, damit du ihnen auf Wiedersehen sagen kannst. Sie werden stolz auf ihre kleine Schwester sein.‹ Ich erinnere mich nicht mehr genau an meine Brüder. Es ist alles schon so lange her, und ich war noch so klein. Ich wünschte, ich könnte sie einmal wiedersehen . . .«

»Wie lange waren Sie im Heilsarmee-Heim?«

»Bis zu meinem 15. Geburtstag. Dann ging ich zu meiner Großmutter nach Wales. Ich bekam Arbeit in einer Fabrik. Aber Großmutter trank. Sie nahm mir mein Geld ab, um es ebenfalls zu vertrinken. Es gefiel mir gar nicht zu Hause, und so lief ich fort und ging nach London. Aber ich wurde bald von der Polizei geschnappt, weil ich minderjährig war und keinen festen Wohnsitz hatte. Ich kam in ein anderes Heilsarmee-Heim, nach Sheffield. Es war eine Erziehungsanstalt, und ich war gern dort. Sie sind sehr gut zu einem in der Heilsarmee; ein bißchen streng, aber das störte mich nicht. Sie mußten doch Ordnung halten, nicht wahr? Das habe ich immer zu den andern Mädchen gesagt, wenn sie murrten. Sie mußten doch Ordnung halten! Ebenso die Polizei! Die Mädchen sind immer wütend auf die Polizei, wenn sie geschnappt und mitgenommen werden. Aber die Polizei tut doch nur ihre Pflicht, nicht wahr?«

Mary nickte. Sie war erstaunt, wie gleichmütig und gelassen, ohne Bitterkeit und ohne Selbstmitleid dieses Mädchen seine Lebensgeschichte erzählte.

»Sprechen Sie weiter, Gloria!« sagte sie. »Sie kamen also in die Erziehungsanstalt in Sheffield. Halfen sie Ihnen nicht eine Stelle finden, als Ihre Zeit abgelaufen war?«

»Ja – und auch ein Zimmer in einem Wohnheim. Das war alles ganz nett. Aber ich wollte gern nach London. Es zog mich ganz einfach dorthin. So ging ich. Ich lernte einen jungen Burschen kennen und lebte eine Weile mit ihm zusammen. Dann fand ich einen andern, und schließlich ging ich auf die Straße oder arbeitete für Klubs. Deswegen sitze ich ja diesmal. Einen Monat habe ich bekommen. Ich will froh sein, wenn ich erst wieder draußen bin – obwohl sie hier ganz nett zu einem sind. Man kann natürlich nicht ein Hotel erster Klasse erwarten, nicht wahr?« Sie sah Mary lächelnd an und fuhr fort: »Es ist wirklich nett von Ihnen, daß Sie uns Mädchen hier besuchen, Kapitänin Scott. Das würden nicht viele tun! Ich werde Sie auch einmal besuchen, wenn ich meine Strafe abgesessen habe. Ein paar Bekannte, die schon bei Ihnen waren, haben gesagt: ›Kapitänin Scott kümmert sich wirklich um uns.‹ ›Ja, so ist die Heilsarmee!‹ habe ich dann gesagt. ›Die Heilsarmee ist gut zu einem.‹«

»Wenn Sie einmal Hilfe brauchen, Gloria, können Sie also gern zu uns kommen«, sagte Mary zum Abschied. »Ich werde mein Bestes für Sie tun.« Und bei sich fügte sie hinzu: »Das heißt, ich werde versuchen, Ihnen auf den Weg zu einem besseren Leben zu helfen.«

So lernte Mary im Laufe der Wochen, Monate und Jahre eine große Schar von Mädchen und Frauen kennen. Sie erinnerte sich an jede einzelne, sobald sie ihren Namen hörte, aber manches Unangenehme, was damit verbunden war, hatte sie vergessen. Andere, die es miterlebt hatten, erinnerten sich vielleicht noch daran, daß ein Mann sie einmal stundenlang in einem Zimmer eingesperrt hatte, weil er wütend war, daß ihm ein Mädchen fortgelaufen war; oder daß eine betrunkene Prostituierte sie mit drohend erhobener Schnapsflasche zwingen wollte, ihr den Zugang zur Glaubenshütte freizugeben; oder daß in einem Nachtklub ein Mann sie packte und zwang, mit ihm zu tanzen. Solchen Begebenheiten maß Mary keine besondere Bedeutung bei. Sie gehörten zu den Risiken ihrer Aufgabe, und sie vergaß solche Zwischenfälle sehr bald wieder. In all den Jahren, in denen sie auf Mitternachtsstreife ging, hatte sie nur ein einziges Mal Angst gehabt, und das war am hellichten Tag gewesen. Sie hatte in einem Krankenhaus eine junge Zypriotin besucht, die eine illegale Abtreibung gehabt hatte. Als Mary wieder nach Hause gehen wollte, sah sie eine ganze Anzahl dunkelhaariger Männer und Frauen auf sich zukommen. Es waren Zyprioten, und sie vermutete sofort, daß sie etwas mit der jungen Frau im Krankenhaus zu tun hatten. Schnell blickte sie sich um und stellte fest, daß die Straße völlig verlassen war. Sie mußte also allein mit ihnen fertig werden.

Ruth, die junge Zypriotin, die sie eben besucht hatte, war vor zwei Jahren in die Glaubenshütte gebracht worden. Sie konnte kein Wort Englisch, war erst fünfzehn Jahre alt, schwanger und halb verhungert. Ihr Mann hatte sie mehrere Tage lang in einer kleinen Wohnung allein gelassen. Sie war herumgelaufen, um ihn zu suchen und von der Polizei aufgegriffen worden. Was sollte nun mit ihr geschehen?

Mary hatte dafür gesorgt, daß sie im Entbindungsheim der Heilsarmee aufgenommen wurde, wo sie ihr Kind zur Welt brachte. Inzwischen waren die Eltern der jungen Frau nach England gekommen, und ihr Mann hatte sich wieder eingefunden. Das junge Paar zog in eine Zweizimmerwohnung, die Ruth gut in Ordnung hielt. Auch ihr Kind versorgte sie gut und arbeitete außerdem halbtags bei einigen

Zyprioten. So schienen alle häuslichen Sorgen gebannt zu sein. Aber eines Tages war die junge Frau, blaß und elend aussehend, in die Glaubenshütte gekommen und hatte mit einer bezeichnenden Bewegung zu Mary gesagt:

»Baby in Bäuchlein. Baby weggenommen.«

Ruth war wieder schwanger geworden, aber ihr Mann, der kein zweites Kind haben wollte, hatte sie zu einem Arzt geschickt, der eine Abtreibung vorgenommen hatte. Nun kam sie, unglücklich und mit quälenden Schmerzen, zu dem einzigen Menschen, von dem sie wußte, daß er ihr helfen würde.

Mary brachte die junge Frau in ein Krankenhaus, ließ sich den Namen des Arztes sagen, der den Eingriff gemacht hatte, und benachrichtigte sofort die Polizei, obwohl sie wußte, daß sie damit das Risiko einging, die Rache der Gesetzesübertreter auf sich zu ziehen.

Als sie daher aus dem Krankenhaus kam und die Gruppe Zyprioten auf sich zukommen sah, dachte sie nicht anders, als daß das eine Bande sei, die auf ihr Opfer wartete, und hatte einen Augenblick wirklich Angst. Aber dann sah sie auf einmal, daß sich die Leute fast scheu näherten und ihr, die Handflächen nach oben gedreht, die Hände zum Gruß entgegenstreckten.

»Vielen Dank! Vielen Dank!« riefen sie, indem sie sie umringten. »Sie sind so gut! Sie haben Ruth wieder geholfen. Vielen Dank für alles, was Sie für sie getan haben!«

Eines Tages, zu Anfang des Jahres 1963, wurde Mary, die inzwischen Majorin geworden war, zu einer Unterredung ins Hauptquartier des Sozialen Frauendienstes gerufen. Sie wußte nicht, was die Kommissarin mit ihr besprechen wollte. Sollte sie eine neue Mitarbeiterin bekommen?

»Die Sache ist die«, sagte die Kommissarin, »die britische Eisenbahn will das ganze Gelände am Kings-Cross-Bahnhof umgestalten und unter anderem auch die Glaubenshütte abreißen. Wir müssen daher versuchen, etwas anderes Passendes für Ihre Arbeit zu finden, Majorin Scott. Inzwischen bitten wir Sie, in einem unsrer Heime zu wohnen und von dort aus die Mitternachtsstreife so gut wie möglich in Gang zu halten.«

Als Mary nach dieser Besprechung in die Glaubenshütte zurückkam, bemühte sie sich, sich ihre innere Erregung nicht anmerken zu lassen. Zwei Kadetten vom Training College (Ausbildungszentrum) wurden zum Tee erwartet, der Tisch mußte gedeckt, ein paar Telefongespräche geführt und ein paar Briefe postfertig gemacht werden. Es blieb daher keine Zeit mehr, mit Kapitänin Cook über etwas anderes als über die nächstliegenden Vorbereitungen zu sprechen. Die jungen Leute würden bald hier sein.

In die Glaubenshütte kamen häufig Heilsarmee-Offiziere und -Kadetten zu Besuch; denn das Haus lag günstig, und die Offizierinnen der Mitternachtsstreife waren gastfrei. Dazu kam, daß ihre Arbeit fast einzigartig war und auch häufig in der Presse erwähnt wurde, so daß viele gern aus erster Hand etwas darüber erfahren wollten. Und fast keiner der jungen Kadetten ging fort, ohne begeistert zu sein. Ja, hier war der ideale Heilsarmee-Vorposten, direkt im Mittelpunkt einer großen Stadt, wo das Leben pulsierte, wo man es mit menschlichen Problemen jeder Art zu tun hatte und ständig gefordert war, zu helfen. Hier fand der Wunsch eines jeden wahren Heilsarmee-Soldaten Erfüllung:

»Laßt mich leben in einem Hause an der Straße und den Menschen ein Freund sein!«

Mit diesen wenigen Worten war alles über den Sinn der Glaubenshütte gesagt, und an diese Worte mußte Mary denken, als sie an jenem sehr kalten Januarabend im Jahre 1963 mit Kapitänin Cook und den beiden jungen Kadetten am Kamin saß und von ihrer Arbeit erzählte.

Und das alles sollte nun bald zu Ende sein!

Der Gedanke an das Gespräch bei der Kommissarin überfiel sie mit solcher Gewalt, daß sie nicht mehr an sich halten konnte. Zu Kapitänin Cook gewandt, sagte sie so ruhig wie möglich: »Ich habe übrigens eine Nachricht für dich. Wir werden bald unsern Abschiedsbefehl bekommen.«

»Abschiedsbefehl? Für uns beide? Die Glaubenshütte wird geschlossen? O nein!«

Mary gewann ihr inneres Gleichgewicht bald wieder und machte sich, als es soweit war, äußerlich heiter und ruhig daran, die verschiedenen Behörden über die bevorstehende Schließung der Glaubenshütte in Kenntnis zu setzen und den Umzug vorzubereiten. Nur einmal verlor sie die Selbstbeherrschung. Das war, als die Leiterin des Sozialen Frauendienstes, Kommissarin Muirhead, die intuitiv wußte, wie ihr zumute war, sie besuchte. Mary war gerade dabei, Schubladen auszuleeren und die Vasen und Bilder einzupacken, die das kleine Haus so gemütlich gemacht hatten, und in diesem Augenblick war das zarte Mitgefühl der Kommissarin zu viel für sie. Ihr Kinn zitterte, sie schluchzte auf und zog schnell ihr Taschentuch heraus. Sie hatte nicht mehr die Kraft, ihre Tränen zurückzuhalten. Es ist zu bezweifeln, ob jemand anderes sie jemals hat weinen sehen.

Inzwischen ging das geschäftige Leben in der Glaubenshütte ohne Pause weiter. Gewissenhaft registrierte Mary die Besuche alter und in zunehmendem Maße auch jüngerer Straffälliger:

»In den letzten beiden Monaten haben wir acht Mädchen bei ihrer Entlassung aus dem Gefängnis abgeholt und zum Frühstück in die Glaubenshütte mitgenommen, ehe wir sie in ihren Zug nach Hause gesetzt haben . . .

Acht Frauen, die unterschiedlich lange Freiheitsstrafen wegen Prostitution, Mord, Betrug und Diebstahl abgesessen hatten, wurden ebenfalls abgeholt und mit nach Hause genommen. Drei davon blieben mehrere Tage bei uns, bis wir andere Unterkunft und Beschäftigung für sie gefunden hatten . . .

Sechs andere Mädchen haben während desselben Zeitabschnitts bei uns gewohnt, unter ihnen:

Celia, ein Mädchen von siebzehn Jahren, die von der Polizei aus einem Haus mit schlechtem Ruf gebracht worden war, wo sie als CallGirl gearbeitet hatte. Für einen Westinder, der ihr ein luxuriöses Leben und eine elegante Wohnung versprochen hatte, hatte sie innerhalb von fünf Wochen fast fünfhundert Pfund verdient. Der Mann wurde dafür zu einer Geldstrafe von 25 Pfund verurteilt. Nachdem wir uns mit Celias Mutter in Verbindung gesetzt hatten, brachten wir sie zu ihrem Zug nach Hause in die Midlands, wo sie Arbeit gefunden hat und heute noch wohnt.

Dorothy wurde nachts zu uns gebracht. Sie ist zwanzig Jahre alt und hat ein uneheliches Kind, das in Pflege gegeben wurde, weil sie aus ihrer Wohnung herausgesetzt worden war. Zwei Wochen lang war sie durch Klubs und Cafés gezogen und hatte sich nur durch Aufputschmittel aufrechterhalten. Sie war völlig erschöpft und schlief 36 Stunden. Jetzt hat sie Arbeit in einer Fabrik und ein Zimmer gefunden.

Barbara, ein Mädchen von achtzehn Jahren, wurde an einem Sonntagmorgen nach einer Polizeirazzia zu uns gebracht. In den zwei Monaten, seit sie ihre Heimatstadt an der Südküste verlassen hatte, hatte sie ein schlimmes Leben geführt. Zuerst war sie von den gleißenden Lichtern Londons fasziniert gewesen. Aber jetzt hatte sie das alles satt. Wir schickten sie in ihren Heimatort, wo die Bewährungshelferin sie weiter betreuen wird.«

Wenn Mary ihre Berichte schrieb, wußte sie oft nicht recht, was sie aufschreiben und was weglassen sollte. Sollte sie die Ehemänner erwähnen, die bei ihnen nach ihren Frauen fragten? Die Verwandten der Strafgefangenen, die nach deren Gepäck sehen wollten, das in der Garage aufbewahrt wurde? Die einsame Frau, die oft mehrmals in der Woche bei den Heilsarmee-Offizierinnen hereinschaute, weil sie ihre einzigen zuverlässigen Bekannten waren?

Und als die Zeit immer näher heranrückte, wo die Glaubenshütte ganz ausgeräumt und leer dastehen würde, fragte sie sich manchmal, was aus all den Menschen werden würde, für deren Bedürfnisse es im Wohlfahrtsstaat noch keine Hilfe gab.

»Bald wird die Glaubenshütte abgerissen werden, und wir müssen uns nach einer anderen Unterkunft umsehen. Das ist in London ein schwieriges Problem. Die Polizei, die Bewährungshelfer und die Gefängnisfürsorger bezeugen, wie wichtig dieser kleine Bereich im sozialen Dienst ist. Wir haben dem Herrn, dem wir gehören und dessen Kindern wir dienen, unsre Not anvertraut, und wir glauben, daß er uns helfen wird.«

Am 25. Mai 1963 schloß Mary die Tür der Glaubenshütte für immer hinter sich zu.

8. Das neue Haus

In einer verrufenen Seitenstraße im Londoner Eastend stand ein großes, dreistöckiges Gebäude, das ursprünglich als Gemeindeschule gedient hatte, im Jahre 1930 aber von der Heilsarmee in ein Heim für
Frauen umgewandelt und ein Jahr später von Queen Mary unter dem
Namen »Hoffnungsstätte« (Hopetown) eröffnet worden war. Es bot
etwa zweihundert Frauen, die keinen anderen Wohnsitz hatten,
Heimat. Viele von ihnen gingen morgens zu ihrer Arbeitsstelle in Fa-
briken, Cafés oder Bürohäusern und kamen abends zurück, um sich
in der Kantine ihre warme Abendmahlzeit geben zu lassen und gemütlich in den Tagesräumen zu sitzen, bis es Zeit war, zu Bett zu gehen.

Die Heilsarmee-Offizierinnen, die das Heim leiteten, wohnten am
Ende eines Korridors im ersten Stock. Hier hatten sie ihre Schlafzimmer, eine gemeinsame Küche und ein Wohnzimmer, in das sie
sich zurückzogen, wenn sie einmal eine Stunde frei hatten. Das kam
aber nicht oft vor; denn ihre Zeit war ausgefüllt mit den täglichen
Aufgaben, wie durch die Schlafsäle und Zimmer gehen, aufräumen,
Vorräte bestellen, für die Mahlzeiten sorgen und die riesigen Mengen
getragener Kleidung sortieren, die unter die Armen und Bedürftigen
in Hopetown verteilt wurden. Außerdem gab es immer irgendwelche
Schwierigkeiten wegen fehlender Arbeits- oder Sozialversicherungs-
karten oder weil auf geheimnisvolle Weise Sachen aus der Schublade
einer Frau verschwunden waren, und sich ebenso geheimnisvoll in
der einer anderen wiedergefunden hatten. Nicht selten erschienen
Polizisten im Haus, um Nachforschungen wegen einer Durchreisen-
den anzustellen (etwa zehn Prozent der Insassen von Hopetown waren Durchreisende), oder Bewährungshelfer kamen, um Erkundi-
gungen einzuziehen.

Mary gehörte nicht zum regulären Stab. Sie arbeitete viel im Büro,
ging mit Frauen, die sich irgendwie strafbar gemacht hatten, zum Gericht und besuchte regelmäßig wie bisher das Holloway-Gefängnis.
Zwei- bis dreimal wöchentlich ging sie mit einer der Heilsarmee-Offizierinnen nachts durch die Klubs in Soho. Sehr viel Zeit verbrachte

sie damit, Häusermakler aufzusuchen, um in Londons Westend wieder ein Haus zu finden, in das sie die Straßenmädchen einladen konnte; aber ohne Erfolg. Es vergingen über achtzehn Monate, ehe sie eines Tages von Kommissarin Muirhead einen Anruf erhielt, der sie ein wenig hoffen ließ.

»Ich habe vom Grundstücksamt erfahren, daß in der Argyle Street das kleine Haus Nr. 11 zu verkaufen ist. Sehen Sie es sich bitte einmal von außen an, und sagen Sie uns, was Sie davon halten!«

Mary kannte die Argyle Street sehr gut, da sie nur einen Steinwurf weit vom Kings-Cross-Bahnhof entfernt war. Schmale Reihenhäuser mit kleinen eisernen Balkons im ersten Stock standen auf beiden Seiten der Straße. Als sie das Haus Nr. 11 sah, war sie entsetzt. Die Fenster waren zerbrochen, die Tür zum Keller hing nur noch an einer Angel, die Mauer bröckelte überall ab, und, was für sie das Schlimmste war, es war grün angestrichen, und sie konnte grün nicht ausstehen. Als sie Kommissarin Muirhead telefonisch über ihren Inspektionsgang berichtete, sagte sie daher ziemlich zurückhaltend:

»Ich kann über das Haus nur das eine sagen: Es liegt an einer strategisch wichtigen Stelle.«

»Gut!« erwiderte die Kommissarin. »Das wollte ich wissen. Wir werden die Sache weiter verfolgen.«

Mary hörte mehrere Wochen lang nichts mehr. Aber alle acht Tage ging sie einmal in die Argyle Street und warf im Vorübergehen einen Blick auf das kleine Haus. Und obwohl es sich in keiner Weise veränderte, mochte sie es, je öfter sie es sah, immer lieber.

»Es sieht aus, als merke es, daß es heruntergekommen ist, wünsche sich aber, wieder gut in Stand gesetzt zu werden«, dachte sie. »Und eines Tages wird es mir gehören.«

Als sie schließlich von der Kommissarin die Nachricht erhielt, daß die Heilsarmee es gekauft habe und sie es sich ansehen solle, machte sie sich sofort auf den Weg.

Es waren schon Arbeiter dort, und das ganze Haus lag voller Bauschutt. Leitern und Eimer standen herum, elektrische Stecker hingen von den Wänden herab, und das Telefon war herausgerissen. Aber baulich war es intakt. Es besaß ein großes Kellergeschoß und zwei Zimmer in jedem der drei Stockwerke.

»Es soll ›Glaubenshaus‹ heißen«, sagte Mary glücklich. »Ich werde hier mehr tun können als in der Glaubenshütte. Das Kellergeschoß kann als Tagesraum eingerichtet werden, und oben werde ich mindestens zwei Schlafzimmer haben. Wenn es sein muß, kann ich vier Mädchen auf einmal unterbringen.«

Mary wußte, daß die Verantwortung für das ganze Haus auf ihr allein ruhen würde, da aus den ohnehin dünnen Reihen der Sozialarbeiterinnen niemand mehr abgezogen werden konnte. Aber es deutete auch alles darauf hin, daß ihre Arbeit einen anderen Schwerpunkt bekommen würde. Die Jahre, in denen die Mitternachtsstreife das Wesentliche gewesen war, waren vorüber. Seit die Prostituierten von der Straße verbannt worden waren, war es ohnehin schwieriger geworden, die oberflächlichen, aber wichtigen Beziehungen herzustellen, durch die Mary bei der Mitternachtsstreife mit so vielen bekannt geworden war. Durch die Klubs zu gehen, beanspruchte mehr Zeit, als nur durch die Straßen zu wandern, und die Mädchen, die sie in den Klubs sah, waren weniger bereit, sich zu unterhalten, weil immer jemand in Hörweite war. Dazu kam, daß sie das Haus unmöglich für viele Stunden allein lassen konnte, wenn zwei bis vier Mädchen dort wohnten. Hauptort ihrer Tätigkeit würde also in Zukunft das Glaubenshaus sein. Und das war gut so! In den verschiedenen Komitees, in denen soziale Probleme besprochen wurden, galt sie bereits als Fachmann auf dem Gebiet der Prostitution der 6oer Jahre.

»Wir kennen das Gesetz, und Sie kennen die Gesetzesübertreter«, hieß es manchmal, und die Bewährungshelfer und Fürsorge-Beamten warteten nur auf den Augenblick, wo das neue kleine Haus in Kings Cross fertig eingerichtet war, um sie bei einigen schwierigen Fällen um Hilfe zu bitten. Auch die Polizei wollte wieder Mädchen zu ihr bringen, die Schutz und Obdach für die Nacht und, wenn möglich, auch für längere Zeit brauchten.

Am 6. Juli 1965 schrieb Mary in ihr Tagebuch:

»Heute sind wir ins Glaubenshaus in der Argyle Street Nr. 11 eingezogen. Kapitänin Hitch kam, um mir die Gardinen aufhängen zu helfen.«

Marys Tagebucheintragungen während der nun folgenden drei

Jahre im Glaubenshaus waren bestenfalls skizzenhaft und verrieten selten etwas Persönliches:

»Vera kam heute morgen um 4 Uhr 30 zurück. Ich ließ sie baden und dann sofort ins Bett gehen. Sie schlief den ganzen Tag.«

»Mußte mich den ganzen Tag um Laura kümmern. Zog den Nervenarzt zu Rate.«

»Nahm Dora Smith auf, ein achtzehnjähriges Mädchen, das von einem Mann überfallen worden war. Die Holborn-Polizei hatte sie geschickt.«

Sie nahm das unberechenbare Verhalten dieser Mädchen und die Tatsache, daß sie nie wußte, was der Tag ihr bringen würde, mit Humor und Optimismus hin. Daß ein Haus, in dem sie Sorgenkinder von Polizisten und Bewährungshelfern aufnehmen konnte, niemals ein ruhiger Hafen sein würde, hatte sie ja schon vorher gewußt. So war sie auch nie überrascht, wenn sie Heilsarmee-Offiziere an ihrer Haustür stehen sah und die ihr schon wohlbekannte Frage hörte:
»Majorin, können Sie dieses Mädchen für diese Nacht aufnehmen?«
Auch Marjorie Brown kam so in ihr Haus.
Als es eines Abends an der Haustür klingelte und sie öffnete, standen ein weiblicher und ein männlicher Heilsarmee-Offizier draußen und neben ihnen ein Mädchen in ungepflegten Kleidern, aber mit einem ungewöhnlich lieblichen Gesicht.
Die beiden Offiziere, die durch die Klubs von Soho gegangen waren, hatten sie in hochschwangerem Zustand allein an einem Tisch sitzen sehen und sie freundlich angesprochen.
»Ich wüßte nicht, wie Sie mir helfen könnten!« hatte sie grob gesagt. »Sie können mir nicht helfen.«
»Nun, versuchen Sie es doch erst einmal mit uns! Was möchten Sie denn gern?«
»Ein Bett für die Nacht!«

In ihrem Gesicht war das übrige zu lesen gewesen: Nun werden sie bestimmt weggehen!

Aber sie waren nicht weggegangen, sondern hatten ruhig erwidert:

»Das ist ganz einfach! Wir besorgen Ihnen ein Bett für die Nacht und ein warmes Bad dazu. Kommen Sie mit!«

Und sie hatten sie ins Glaubenshaus gebracht.

»Kommen Sie herein!« sagte Mary zu ihr. »Setzen Sie sich an den Kamin, wir trinken ein Täßchen Tee zusammen. Dann mache ich Ihnen ein Bett fertig.«

Marjorie trank den Tee, und es kam wieder etwas Farbe in ihre Wangen.

»Ich muß in den Klub zurück und meine Kleider holen«, sagte sie dann. »Ich habe sie beim Pförtner gelassen. Ich komme wieder.«

Aber Mary bezweifelte das. Marjorie hatte sich ziemlich mißtrauisch umgesehen, als fürchte sie eine Falle.

»Armes Ding!« sagte sie nach mehrstündigem, vergeblichen Warten zu der Hausmeisterin, als sie nach oben in ihre Schlafzimmer gingen. »Vielleicht hat sie Angst, eine Menge Regeln und Vorschriften bei der Heilsarmee befolgen zu müssen? Es ist mir ein schrecklicher Gedanke, daß sie sich in diesem Zustand in den Klubs herumtreibt.«

Am nächsten Morgen, ehe der Milchmann kam, erschien Marjorie wieder. Sie konnte fast nicht sprechen vor Erschöpfung. Widerspruchslos ließ sie sich eine Tasse heißen Tee und ein warmes Bad geben und ging dann zu Bett. Sie schlief mehrere Stunden, ohne zu bemerken, daß Mary von Zeit zu Zeit leise die Tür öffnete und sich kopfschüttelnd fragte, wie solch ein junges, intelligentes Mädchen in solch ein Elend geraten konnte.

Dann hörte sie Marjories Geschichte.

Sie war ein unerwünschtes, uneheliches Kind, das praktisch der Großmutter überlassen worden war. Als diese starb, war Marjorie elf Jahre alt. Sie wurde in ein Kinderheim gebracht und ging mit fünfzehn Jahren als Dienstmädchen in einen Haushalt. Das attraktive, abenteuerlustige junge Mädchen, auf das ja niemand irgendwie aufpaßte, geriet sehr schnell in ein leichtsinniges Leben.

»Ich bekam ein Baby. Als ich aus dem Krankenhaus kam, wußte ich nicht, wo ich damit hingehen sollte. Ich schlief schließlich unter einem Boot am Strand von Brighton. Sie nahmen mir das Baby weg, als sie uns dort fanden, und brachten es in ein Heim. Das war auch sicherlich das beste . . .«

Dann war sie nach London gegangen – und nach Soho. Hier lernte sie einen türkischen Zyprioten kennen. Sie wohnte bei Muhammad und nahm einen Job in einem Trinkklub an. Dort mußte sie sich zu den Kunden setzen und sie zum Trinken animieren oder an der Tür des Klubs stehen und Männer hereinlotsen.

»Ich bin nicht auf den Strich gegangen, Majorin! Ich habe bis vor drei Monaten mit Muhammad zusammengelebt und bin mit niemand anderem gegangen. Dann entdeckte ich, daß er mit einem anderen Mädchen ein Verhältnis hatte. Da habe ich ihn verlassen. Das paßte mir nicht, und deshalb würde ich ihn auch nicht heiraten, selbst wenn er es wollte. Ich müßte dann zu Hause bleiben und seine Kinder versorgen, während er sich herumtriebe, mit wem er wollte. Auf diese Weise lasse ich mich nicht fangen.«

Wie genau wußte sie schon, wie es in der Welt zugeht, und war doch erst neunzehn Jahre alt! Und sie war mißtrauisch gegen jeden, der für sie in die Kategorie »Wohltäter« gehörte. Als im Glaubenshaus drei offene Tage durchgeführt wurden, in denen eine ganze Anzahl von Leuten zur Besichtigung erwartet wurden, ging sie frühmorgens aus dem Haus und kam erst abends wieder herein, nachdem man ihr versicherte, daß kein Fremder mehr da war.

Im übrigen schien sie sich aber im Glaubenshaus wohlzufühlen, und wenn sie auch bei den Andachten, anders als manches andere Mädchen, ungerührt zuhörte, zeigte sie doch keine Abneigung dagegen. Sie war offenbar gewillt, zu bleiben, bis das Baby ankam, und Mary war bereit, sie zu behalten. Aber genau eine Woche nach ihrer Ankunft bekam sie eine schwere Blutung und mußte ins Krankenhaus.

Drei Wochen später wurde sie mit ihrem zehn Tage alten Baby entlassen. In Begleitung von Muhammad, mit dem sie sich wieder versöhnt hatte, kam sie ins Glaubenshaus, um ihre Sachen abzuholen.

»Haben Sie Dank für alles, was Sie an mir getan haben, Majorin! Daß Sie mich im Krankenhaus besucht haben – und alles.« Sie lächelte, und ihr hübsches Gesicht strahlte. »Sie sind mir eine richtige Freundin gewesen.«

»Nun, Sie wissen, wo Sie mich finden, wenn Sie mich brauchen«, erwiderte Mary.

Und viele brauchten sie wirklich und kamen zu ihr zurück, wenn sie sich nicht mehr zu helfen wußten. Sie war froh, wenn sie kamen und ihr Gelegenheit gaben, sie in der sauberen, gesunden Atmosphäre des kleinen Hauses zu betreuen, wo sich Gott offenbaren und den Wunsch nach einem neuen, besseren Leben in ihnen wecken konnte.

Das war von Zeit zu Zeit geschehen. Mary dachte an den Tag, als Nan, ein früheres Straßenmädchen von Kings Cross, mit ihrem Mann und zwei kleinen Kindern vor der Tür des Glaubenshauses stand. Nan war von der Straße verschwunden, als das neue Gesetz in Kraft getreten war, und Mary hatte damals von einer anderen Prostituierten gehört, daß sie geheiratet habe. Mary hatte zwar gehofft, daß sie einen Mann gefunden hatte, der sie nicht ausnutzen würde. Aber sie gesund, glücklich und in gesicherter Existenz zu sehen wie irgendeine andere junge Frau aus den Vororten Londons, das hatte sie nicht erwartet.

»Wir kamen gerade vorbei, und da dachte ich, ich wollte Sie einmal besuchen«, hatte Nan gesagt. »Das ist mein Mann. Wir haben ein kleines Haus in Enfield bekommen.«

Und beim Abschied hatte sie Mary zugeflüstert:

»Sagen Sie den andern Mädels nicht, wo ich bin, bitte! Ich könnte es nicht ertragen, wenn dieses Glück zerstört würde.«

Mary hoffte, daß auch Gloria einmal so glücklich würde. Gloria war wieder im Gefängnis gewesen, wo sich herausstellte, daß sie Halskrebs hatte. So mußte sie den Rest ihrer Strafe im Krankenhaus verbüßen. Wo sollte sie aber dann die Rekonvaleszenz-Zeit verbringen? Sie besaß kein Zuhause. Ihre einzigen Bekannten waren Strichmädchen, und keine von ihnen hätte sie in ihrer kleinen Wohnung unterbringen können, obwohl die eine oder die andere mit der bei ihnen üblichen Großmut zumindest bereit gewesen wäre, es zu versuchen. Und wer würde ihr weiterhelfen?

Als Gloria im Krankenhaus über all diese Fragen nachdachte, fiel ihr plötzlich die Heilsarmee-Offizierin ein, die sie im Gefängnis besucht und gesagt hatte, sie habe ein kleines Haus in Kings Cross, in dem sie obdachlose Frauen unterbringen könne. Und von ein paar jungen Prostituierten, die Majorin Scott kannten, hatte sie gehört, daß sie den Mädchen, die zu ihr kämen, wirklich zu helfen suche.

»Sie hat ihre Vorschriften, klar! Sie erlaubt nicht, daß man dort Alkohol trinkt, und man darf nur im Kellergeschoß rauchen. Beim Essen wird gebetet, und nach dem Frühstück ist Andacht, und all so was. Aber sie ist immer freundlich und nicht schockiert über das, was man ihr erzählt. Und sie hat Humor. Sie lacht einen manchmal aus, statt böse zu werden.«

»Ich würde gern ein paar Tage zu Majorin Scott gehen«, sagte Gloria zu der Fürsorgerin. »Sie hat es mir ein paarmal angeboten . . .«

So kam sie für ein paar Wochen ins Glaubenshaus, bis die Fäden aus ihrer Operationswunde gezogen werden konnten. Dann wurde ihr gesagt, daß sie zweimal wöchentlich zur Spezialbehandlung ins Krankenhaus kommen müsse.

»Das beste ist, Sie bleiben hier«, meinte Mary, »und suchen sich eine leichte Halbtagsstelle, damit Sie immer zur Behandlung ins Krankenhaus gehen können.«

Gloria fühlte sich im Glaubenshaus sehr wohl und war wirklich dankbar für die Annehmlichkeiten hier.

»Richtig luxuriös ist alles«, sagte sie zu den andern Mädchen. »Immer alles sauber! Das Bad kann man benutzen, wann man will, das Essen ist gut . . . richtig luxuriös!«

Sie ging zum Arbeitsamt und fragte nach Gelegenheitsarbeit. Eines Tages kam sie fröhlich grinsend zurück.

»Raten Sie, wo ich jetzt arbeite! Bei der Bank von England! Möchte mal wissen, was die sagen würden, wenn sie wüßten, wen sie da bekommen haben.«

Sie war überall beliebt, weil sie immer freundlich, versöhnlich und niemals boshaft war. Ihren Arbeitgebern tat es immer leid, wenn sie die Stelle bei ihnen wieder aufgab. Gewiß, es gab Zeiten, wo mit ihrer Zimmergenossin nicht alles glatt ging. Aber daran waren bestimmt immer beide schuld.

Eines morgens hörte Mary wütende Stimmen im oberen Stock.

Sally, die durch Glorias Wecker aus dem Schlaf gerissen worden war, schrie zornig:

»Kannst du nicht leise sein? Du und dein blöder Wecker, der alle im Schlaf stört!«

»Und du?« schrie Gloria zurück. »Du hast das Licht bis Mitternacht an – und länger. Murkst ständig an deinem Haar herum. Du und deine Lockenwickler!«

Beim Frühstück herrschte dicke Luft. Sally und Gloria stierten auf ihre Teller und sahen aus, als wollten sie jeden Augenblick aufeinander losgehen. Keine von beiden sagte Amen, als die Andacht zu Ende war, und beide stürmten wie der Wind aus dem Haus.

Aber als Gloria am Abend zurückkam, war sie heiter und freundlich wie immer.

»Hallo, Majorin, hatten Sie einen angenehmen Tag? Wie geht es Maria? Was machen Sally und Margret?«

Der Streit vom Morgen war vergessen, und sie war fröhlich wie zuvor. Nichts schien sie für längere Zeit zu beunruhigen.

Aber im Lauf der Wochen merkte Mary, daß sie auch nichts für längere Zeit beeindruckte. Sie ging sonntags manchmal mit zur Regent Hall und schien Freude an den Gottesdiensten zu haben.

»Heute abend haben sie herrlich gesungen, Majorin. Das hat Ihnen gut gefallen, nicht wahr?«

Sie liebte religiöse Gedichte, und auch das Klavier im Kellergeschoß hatte es ihr angetan. Abends spielte sie oft stundenlang Choräle und Volkslieder. Sie war einer der angenehmsten Gäste, die sich jemals im Glaubenshaus aufgehalten hatten. Aber die Anziehungskraft der Klubs und der Einfluß ihrer Freundin Pamela waren zu stark. Pamela, deren Mann im Gefängnis saß, überredete Gloria auch eines Abends, mit ihr zum Tanz zu gehen.

»Ich sage es Ihnen nur ungern, Majorin«, gestand Gloria am nächsten Morgen, »wir wurden hinausgeschmissen. Ich fürchte, wir haben uns schlecht benommen.«

Mary war an diesem Tag sehr ernst und nachdenklich bei ihrer Arbeit. Gloria wohnte nun seit fast sechs Monaten im Glaubenshaus. Länger konnte sie nicht hier bleiben, und ihrer Gesundheit wegen war es auch nicht erforderlich. Sie arbeitete jetzt ganztägig in einer

Kantine, verdiente recht gut und hätte leicht eine kleine Wohnung finden können. Aber . . .

»Ich möchte Weihnachten bei Pamela verleben«, sagte sie Anfang Dezember zu Mary. »Ich werde zu ihr ziehen und eine Weile bei ihr wohnen, bis ihr Mann aus dem Gefängnis zurückkommt. Ich freue mich darauf, Weihnachten mit ihren beiden kleinen Kindern zu feiern. Ich habe sie so gern . . . Es ist sehr nett hier gewesen, Majorin Scott! Sie waren immer so gut zu mir. Aber Pamela möchte gern, daß ich Weihnachten zu ihr komme.«

So ging sie zu ihren alten Bekannten zurück – und in die Klubs. Das war das Leben, das sie kannte, wo man sein Geld ziemlich mühelos verdiente und – wo sie sich nicht zu verstellen brauchte. Das Gefühl der Schuld und Scham, das sie immer quälte, wenn sie mit »anständigen« Menschen zusammen war, hatte hier keine Macht über sie. Wahrscheinlich war es vor allem dieses Schuldgefühl, was ihr die Tür zu einem normalen menschlichen Glück verschloß.

»Er hätte mich geheiratet«, hatte sie Mary mehr als ein Mal von einem jungen Mann gesagt, den sie durch ihr liebenswertes Wesen gewonnen hatte, »aber es wäre nicht gut gegangen. Er war zu gut für mich. Ich wäre mir als seine Frau und unter seinen Verwandten immer wie eine Heuchlerin vorgekommen. Es sind alles ehrbare Leute, und ich hätte immer daran denken müssen, was ich gewesen war. So habe ich ihn fortgeschickt und bin wieder zu meinen Leuten gegangen.«

9. Ein Mädchen wie ich

Die führenden Leute der Heilsarmee in Regent Hall waren tief beunruhigt über die wachsende Zahl der Teenager, die an den Wochenenden aus den Vorstädten hereinschlichen, um nachts die Runde durch die Klubs im Westend zu machen. Daher beschlossen sie, selbst einen Klub zu eröffnen. Sie hofften, auf diese Weise wenigstens einige der leichtsinnigen jungen Leute von der Straße holen und vor Rauschgifthändlern und anderen Verführern bewahren zu können.

Mit Musikbox und Kaffeebar lockte das am Oxford Circus günstig gelegene Lokal auch viele junge Leute an, so daß man zu Mary sagte:

»Sie sollten einmal dorthin gehen, Majorin! Es sind eine Menge junger Mädchen dort, um die man sich kümmern sollte.«

Da meist zwei bis drei Mädchen vorübergehend im Glaubenshaus untergebracht waren, die sie nicht sich selbst überlassen konnte, kam sie erst an einem Samstagabend im November nach Regent Hall. Dort sah sie zwischen den jungen Leuten in Jeans und Pullover, die an kleinen Tischen saßen, ein Pärchen halbschlafend in einer Ecke hocken, das offenbar unter Drogeneinwirkung stand.

»Kennen Sie das Mädchen?« flüsterte sie der Jugendleiterin des Klubs zu.

»Nein, wir kennen keinen der beiden. Sie sind eben erst hereingekommen.«

»Ich wüßte gern, ob sie jemand hat, wo sie heute nacht schlafen kann«, sagte Mary.

»Ich werde sie fragen.«

Die Jugendleiterin ging hinüber und kam kurz darauf zu Mary zurück.

»Nein, sie hat niemand«, sagte sie leise. »Es sieht so aus, als ständen beide unter Drogen.«

»Das fürchte ich auch.«

Mary fühlte sich plötzlich unsicher. Bei vielen Mädchen, die sie kannte und betreute, war sie an Trunkenheit gewöhnt. Flo kam zum Beispiel immer wieder mit einer Flasche Gin im Koffer zu ihr, obwohl sie wußte, daß sie sie ihr wegnahm und erst wiedergab, wenn sie das Haus verließ.

»Ich muß ein paar Gläser Schnaps trinken, ehe ich auf den Strich gehe, sonst könnte ich es nicht«, hatten ihr manche Frauen anvertraut. Sie wußte, woran sie die Alkoholikerin erkennen konnte und wie sie sie zu behandeln hatte. Aber Drogensüchtige? Zwei oder drei waren im Laufe des Jahres im Glaubenshaus gewesen, und sie hatte manchmal das Gefühl gehabt, als verstände sie sie nicht so gut wie die andern. War es klug, dieses Mädchen mitzunehmen? Sie war sich nicht sicher. Aber es war noch so jung und sah so blaß und elend aus . . .

»Sie scheinen sehr müde zu sein«, sagte sie, sich über das Mädchen beugend. »Möchten Sie vielleicht mit mir nach Hause kommen? Sie können ein warmes Bad und ein Bett bei mir haben.«

Ein schwacher Ausdruck von Erleichterung huschte über ihr Gesicht. Der junge Bursche neben ihr hatte beim Klang der freundlichen Stimme die Augen geöffnet und sah sie an.

»Aber was wird mit dir?« fragte sie ihn.

»Mach dir keine Sorgen um mich, Liebling! Geh nur mit, wenn du irgendwo unterkommen kannst!« erwiderte er.

»Ich werde mich um ihn kümmern«, sagte die Jugendleiterin. »Gehen Sie nur mit Majorin Scott!«

So nahm Mary Cathy mit nach Hause und brachte sie zu Bett. Sie schlief fast zwanzig Stunden.

»Morgen ist Waschtag«, sagte Mary zu ihr, als sie aufwachte. »Geben Sie mir Ihre Sachen zum Waschen! Wir werden unter unsren Vorräten schon etwas finden, was Sie inzwischen tragen können.«

Am Nachmittag des nächsten Tages zog Cathy ihre Kleider wieder an, um auszugehen, und kam nicht wieder. Fünf Tage später rief die Jugendleiterin von Regent Hall an, Cathy sei wieder aufgetaucht und habe die ganze Nacht im Klub zugebracht. Sie befinde sich in ziemlich jämmerlichem Zustand. »Bringen Sie sie zu mir!« sagte Mary.

So ging das mehrere Wochen lang. Cathy blieb ein oder zwei Tage im Glaubenshaus, geriet dann in tiefe Depression, zog ihre »Elendskleider«, wie sie sie nannte, an und ging auf und davon. Diese Elendskleider, bestehend aus einer blauen Samthose, einem schwarzen Pullover und einer schwarzen langen Strickjacke, schienen irgendwie mit ihrem unbekannten Aufenthaltsort zusammenzuhängen. Was dort vor sich ging, erfuhr Mary nie. Cathy verschwand, manchmal für mehrere Tage, tauchte dann wieder völlig mittellos im Klub auf und wurde von dort aus wieder ins Glaubenshaus geschickt. Schließlich drohte die Polizei sie einzusperren, wenn sie keinen festen Wohnsitz fände, und als sie diesmal wieder ins Glaubenshaus kam, hoffte Mary, daß sie bleiben und auch bereit sein würde, mit ihr zum Arzt zu gehen. Aber wieder verschwand sie und kam erst eine Woche vor Weihnachten wieder. Sie sagte, sie habe das Leben in Westend statt, und Mary konnte in ihr Tagebuch schreiben:

»Nahm Cathy heute vormittag mit zu Dr. Hawes. Er registrierte sie als Süchtige, setzte sie auf 1g täglich und gab mir ein Rezept über den Bedarf für eine Woche. Dann holten wir ihre Sachen von der Piccadilly Underground Station ab, wo sie von andern Süchtigen begrüßt wurde. Sie ist jetzt völlig auf das Glaubenshaus angewiesen.«

Hinter diesen nüchternen Worten verbarg sich eine Welt von Unsicherheit und Unruhe. Als man Mary gesagt hatte, daß das eine Gramm Heroin täglich injiziert werden müßte, hatte sie erklärt, daß sie aus moralischen Gründen die Spritze nicht geben würde. Einem Süchtigen eine Spritze zu geben, war für sie dasselbe, wie einem Alkoholiker ein Glas Schnaps zu geben, und sie konnte sich nicht überwinden, das zu tun. Cathy war jedoch gewöhnt, sich selbst eine Injektion zu machen, obwohl Mary das nie gemerkt hatte, und Mary wußte immerhin so viel über Drogensüchtige, daß sie wußte, wenn das Mädchen diese tägliche Dosis nicht bekam, würde es nach dem Westend gehen, um es sich zu verschaffen.

»Wenn Sie bereit sind, sich darum zu kümmern, gebe ich Ihnen Cathys Bedarf für eine Woche und einige Schlaftabletten«, hatte der Arzt zu ihr gesagt. »Wenn Sie das Mädchen behalten, sie gut ernähren und in ihr den Wunsch wecken können, von der krankhaften Begierde loszukommen, kann sie in ein Rehabilitationszentrum gebracht werden, wo sie dann ganz von der Droge loskäme . . .«

In Cathy steckte irgendeine unheimliche Anlage. Sie war anders als alle die Mädchen, die bisher im Glaubenshaus gewesen waren; nicht nur wegen ihrer »Elendskleider« und der immer wiederkehrenden schweren Depressionen, sondern auch wegen ihrer schauerlichen Zeichnungen, die Schlangenköpfe und grauenvolle Geschöpfe mit klauenähnlichen Händen darstellten. Sie erinnerten Mary an Illustrationen zu Geistergeschichten. Hatte Cathy Beziehungen zu okkulten Kreisen? Mary wußte es nicht.

Aber nach ein paar ruhigen Tagen sah sie besser aus und verrichtete auch die Hausarbeit, die ihr aufgetragen wurde, ohne Murren. Es schien wirklich, als ob sie von den Drogen loskommen und ein normales Leben anfangen wolle.

Da kam Lyn, und damit begannen für Mary wohl die schwersten Monate ihres Lebens.

Lyn Thompson wurde etwa einen Monat nach Cathy im Glaubenshaus aufgenommen. Auch sie hatte sich nachts immer herumgetrieben und keinen festen Wohnsitz gehabt. Sie sah erschöpft und heruntergekommen aus wie alle diese Mädchen, und Mary hatte keinen Grund, ihr die Aufnahme zu verweigern, als Cathy sie darum bat. Aber fast vom ersten Augenblick an hatte sie das Gefühl, daß mit Lyn ein störendes Element ins Haus gekommen sei. Cathy wurde wieder reizbar und mißmutig. Die beiden Mädchen zankten sich oft, versöhnten sich aber auch schnell wieder. Häufig gingen sie zusammen fort, kamen spät abends zurück und unterhielten sich dann stundenlang in ihrem Zimmer über Politik, Philosophie und andere Dinge, von denen sie wirklich so gut wie nichts verstanden.

Mary hatte sie im Verdacht, sich im Westend Drogen geholt zu haben. Aber was sollte sie tun? Das Glaubenshaus besaß keine Vollmacht, Jugendliche in Arrest zu halten, und sie machte ihren Gästen so wenig Vorschriften wie möglich. Sie mußte ihnen Gelegenheit geben, sich einzugewöhnen, und wenn sie keinen handgreiflichen Grund zur Klage hatte, schwieg sie lieber. Außerdem war sie während dieser ersten Monate des Jahres 1967 meist ganz auf sich selbst gestellt, mußte kochen, waschen, die Büroarbeit erledigen und den vielen Leuten, die zu Besuch kamen, Rede und Antwort stehen. Sie verließ nur selten das Haus, es sei denn, um einzukaufen, ein Mädchen ins Krankenhaus zu bringen oder in eine Komitee-Sitzung zu gehen. Und jedesmal war sie in Sorge, was sie bei ihrer Rückkehr vorfinden würde.

Eines Tages schlug ihr, schon ehe sie das Haus betrat, der Geruch von angebrannten Kartoffeln entgegen. Und als sie am Büro vorbeiging, das sie vor Verlassen des Hauses immer abschloß, sah sie, daß sich jemand an dem Sicherheitsschloß zu schaffen gemacht hatte. Die innere Scheibe hing heraus, aber die Tür war noch zu. Mary dachte sofort an Cathys wöchentlichen Heroin-Vorrat, den sie im Safe verschlossen hielt und auf den es der potentielle Dieb bestimmt abgesehen hatte . . .

»Majorin, mit dem Schloß an Ihrer Bürotür stimmt etwas nicht«, sagte Cathy etwas später, nachdem die Sache mit den angebrannten Kartoffeln in Ordnung gebracht war. »Haben Sie das gewußt?«

»Ich muß es mir einmal ansehen«, erwiderte Mary.

Sie stellte keine Fragen und zeigte keine Besorgnis, war aber innerlich doch sehr beunruhigt. Irgend etwas stimmte nicht. Aber wie sollte sie feststellen, was es war? Sie kannte die Gewohnheit der Alkoholiker, ihre Schnapsflaschen im Schlafzimmer zu verstecken. Machte Lyn das gleiche mit Drogen?

Sobald sie konnte, ging sie in das Schlafzimmer von Lyn und Cathy und durchsuchte die Schubladen der Frisierkommode und den Kleiderschrank. Aber sie fand keine Drogen.

Inzwischen war Cathy wieder in ihr früheres unberechenbares Verhalten zurückfallen. Sie verschwand ein bis zwei Tage und kam dann völlig erschöpft wieder. Ihre Anfälle von Depression häuften sich. Auch Lyn hatte jetzt manchmal rätselhafte Angstzustände, die sie selbst »das Grausen« nannte und die oft mehrere Stunden anhielten. Als sie deswegen einmal einige Tage im Bett blieb, kamen während dieser Zeit ein paar Mädchen, die Mary vorher nie gesehen hatte, und gaben mit den Worten: »Lyn hat gesagt, wir sollten ihr das besorgen« Zeitschriften oder Päckchen mit irgendwelchen Kleidungsstücken ab. Wäre Mary nicht mit anderen Dingen so beschäftigt gewesen, wäre es ihr vielleicht verdächtig vorgekommen, daß diese Mädchen Lyn gar nicht persönlich besuchten, wie ihre anderen Bekannten es taten, sondern immer gleich wieder verschwanden. Aber sie hatte in dieser Zeit so viel zu tun, daß sie sich mit jeder Situation erst dann befassen konnte, wenn sie akut war. In ihrem Tagebuch stand unter anderm:

»Cathy ist heute nachmittag fortgegangen und nicht wiedergekommen. Lyn hat später gestanden, daß sie ein Rezept für sie zur Apotheke mitgenommen habe. Sie habe es von einem Arzt in der Shaftesbury Avenue bekommen. Lyn wurde sehr schwierig und wollte weder ihre Schlaftablette nehmen noch zu Bett gehen.«

»Cathy ist heute nachmittag fortgegangen und nicht wiedergekommen. Gegen 10 Uhr abends rief sie an und sagte, sie wolle über Nacht in Balham bleiben. Später entdeckte ich, daß sie ein Rezept für Methedrin, das Lyn gehörte, mitgenommen hatte.«

»Lyn ist heute schlecht gelaunt. Sie hat Dr. Hawes angerufen und ihn um Heroin gebeten . . .«

Eines Vormittags wurde Mary dann vom Arbeitgeber eines anderen im Glaubenshaus wohnenden Mädchens angerufen, der fragte, warum Barbara nicht zur Arbeit gekommen sei.

»Majorin Scott, es ist etwas Schlimmes passiert. Barbara ist völlig verzweifelt zu mir gekommen. Sie sagt, eins der Mädchen in Ihrem Haus, eine gewisse Lyn, habe ihr Rauschgift aufgedrängt und ihr auch eine Heroin-Injektion gegeben. Wußten Sie, daß Lyn Rauschgifthändlerin ist?«

»Natürlich nicht! Warum hat es mir Barbara nicht gesagt?«

»Sie hatte Angst vor Lyn.«

Jetzt wurde Mary alles klar. Lyn handelte mit Rauschgift. Das erklärte das Erscheinen der Mädchen, die Zeitschriften und Päckchen für sie abgaben. In diesen Rollen und Päckchen waren Drogen versteckt. Das erklärte auch den Besuch der Leute, die persönlich zu ihr ins Zimmer gingen. Sie holten sich die Drogen ab. Sogar im Glaubenshaus betrieb Lyn ihr Geschäft. Und Cathy, die so gute Aussichten gehabt hatte, vom Rauschgift loszukommen, und sich bisher nur selbst damit geschadet hatte, fing jetzt an, anderen zu schaden und sich in den Rauschgifthandel verwickeln zu lassen. Und Barbara? Sie war ins Glaubenshaus gebracht worden, um eine Zeitlang vor den Gefahren der Großstadt geborgen zu sein, und war hier einem Übel ausgesetzt, das die Seele ebenso zerstörte wie das Auf-den-Strich-gehen.

Mary war entsetzt. Ohne lange zu zögern, rief sie Dr. Hawes an. Sie wußte, daß sie ihm vertrauen konnte und daß es ihm möglich sein würde, ihr in dieser Notlage zu helfen.

Cathy wurde in ein Rehabilitationszentrum für Drogensüchtige geschickt, und Lyn, bei der »glücklicherweise« Gelbsucht festgestellt wurde, kam in ein Krankenhaus.

Für Mary stand es fest, daß sie nie wieder wissentlich eine Rauschgiftsüchtige im Glaubenshaus aufnehmen würde. Ihr Auftrag galt den Prostituierten und den Alkoholikerinnen. Rauschgiftsüchtigen mußte an einem Ort geholfen werden, der eigens für sie geschaffen war, und von Menschen, die es gelernt hatten, mit ihnen umzugehen.

Dieser Entschluß wurde von den Leitern der Sozialeinrichtungen der Heilsarmee voll unterstützt. Aber bald zeigte sich, daß nur noch wenige Prostituierte im Glaubenshaus Zuflucht suchten. Das Bild des Lasters wandelte sich in den 60er Jahren. Soho, das Londoner Bordellviertel, war nicht mehr sein offensichtlicher Mittelpunkt. Das Labyrinth von alten Häusern, in denen die Prostituierten ihre kleinen Kammern mieten konnten, wie Mary sie noch zur Zeit der Mitternachtsstreife gekannt hatte, verschwand sehr schnell. Die Abbrucharbeiter hatten schon die meisten niedergerissen, und neue Wohn- und Büroblocks wurden an ihrer Stelle errichtet.

Alte Skandale wurden ans Licht gebracht und durch Gesetze bekämpft, aber das Jahrzehnt der »Freiheit« mit seiner Promiskuität und Massenhysterie, seinen empfängnisverhütenden Mitteln und Drogen brachte neue Probleme mit sich. Fast unmerklich veränderte sich die Funktion des Glaubenshauses. Es war nicht mehr so sehr eine Zufluchtstätte für die Prostituierten als für die besonders schwierigen Fälle der Bewährungshelfer. Und da es nicht mehr als vier auf einmal aufnehmen konnte, wurden Marys Erfahrung und Fähigkeiten nicht voll ausgenutzt. Sie hatte trotzdem erwartet, bis zu ihrer Pensionierung dort zu bleiben, da sie schon hoch in den Fünfzigern war. Aber als sie im Herbst 1968 ihren Marschbefehl erhielt, war sie nicht besonders enttäuscht. Sie wäre jedoch, hätte sie nicht vorher schon davon gehört, sehr erstaunt gewesen, als man ihr mitteilte, daß sie zur Leiterin von Hopetown ernannt worden sei.

Die Umstellung auf die Leitung eines Heims mit zweihundert Frauen war für Mary nicht ganz einfach. In der ersten Zeit kam es vor, daß die Majorin, auf der die ganze Verantwortung lag und die mit jedem amtlichen Besucher, der dort auftauchte, zu verhandeln hatte, nirgends zu finden war. Aufgeregte Kapitäninnen suchten sie im ganzen Haus. Niemand wußte, daß sie zu einer Komitee-Sitzung gefahren war oder eine Gefangene in Holloway besuchte. Im Glaubenshaus war sie so daran gewöhnt gewesen, zu gehen und zu kommen, wie die Situation es erforderte, daß sie gar nicht daran gedacht hatte, anderen zu sagen, wohin sie ging. Aber nach ein paar solcher Zwischenfälle richtete sie sich ihre Arbeit so ein, daß sie sich hauptsächlich in ihrem Büro aufhielt, das durch ein Empfangszimmer vom Hausflur getrennt war. Besucher mußten sich erst bei der diensthabenden Kapitänin melden. Es war alles ganz anders als im Glaubenshaus, wo sie selbst an die Haustür ging, wenn es klingelte, und von ihrem Schreibtisch am Fenster alle Vorübergehenden sehen konnte. Jetzt war ihre Welt durch die Mauern von Hopetown begrenzt.

Die andere Welt, die Welt der Straßen vom Westend, mußte in den Hintergrund ihres Herzens treten. Aber da war sie noch. Und von Zeit zu Zeit geschah etwas, was sie eindringlich wieder in den Vordergrund rückte. Meist war es ein Wiedersehen nach Monaten oder auch nach Jahren mit alten Bekannten. Flo jedoch blieb fast ständig mit ihr in Berührung.

Flo war auch dann noch vergnügt und guter Dinge, als sie vor Asthma kaum noch atmen konnte. Im Charing Cross Hospital war sie ebenso bekannt wie beim Gericht in der Bow Street, und sie achtete die Ärzte und Schwestern dieses Krankenhauses auch besonders. Weihnachten begleitete sie die Weihnachtsliedersänger und rasselte mit der Spendenbüchse provozierend vor den Nasen der Passanten. Aber eines Tages mußte sie als Dauer-Insasse in Hopetown eingewiesen werden, weil sie zu krank war, um selbst für sich zu sorgen.

»Das kleine schwarze Schaf ist Ihnen hierher gefolgt«, sagte sie zu Mary, der sie nach wie vor wohlgesinnt war.

»Ich wünschte, das kleine schwarze Schaf würde dem Hirten folgen und direkt in den Schafstall hineingehen«, erwiderte Mary ernst.

Es war einer der Wünsche, die ihr nicht erfüllt wurden. Flo ging zwar gern zu den Gottesdiensten der Heilsarmee und sang auch die Heilslieder fröhlich mit, aber damit war die Sache offenbar für sie erledigt. Sie gab ihr unmoralisches Leben und den Alkohol niemals auf und starb schließlich in Hopetown.

Zum letzten Mal sah Mary Lyn in Holloway, als sie wieder eine Strafe absaß. Während sie mit Gelbsucht im Royal Free Hospital gelegen hatte, hatte Mary sie regelmäßig besucht, und da Lyn den Wunsch geäußert hatte, zu ihrer Mutter nach Irland zurückzukehren, hatte Mary Geld für eine Flugkarte nach Belfast für sie gesammelt und sie selbst zum Flugzeug gebracht. Aber nach sechs Wochen war sie wieder nach London zurückgekommen, beim Rauschgifthandel ertappt und ins Gefängnis gebracht worden. »Sie sah aus wie ein völliges Wrack«, hatte Mary erschüttert festgestellt.

Was sie von Cathy sah, war ermutigender. Die freundliche, friedliche Atmosphäre im Rehabilitationszentrum schien einen guten Einfluß auf sie zu haben. Mary bemerkte, daß sie zwar noch ihre marineblaue »Elends«-Hose trug, daß aber an Stelle des trostlosen, schwarzen Pullovers eine bunte Bluse getreten war. Die Veränderung war geradezu symbolisch. Als Mary sich von Cathy verabschiedete, hatte sie das Gefühl, daß noch Hoffnung für sie bestand.

Auf Wunsch einer Kinderfürsorgerin hatte Mary eines Tages einen besonderen Besuch im Holloway-Gefängnis zu machen. Marjorie saß dort wieder eine Strafe ab. Die blonde junge Frau war mehr als einmal in Schwierigkeiten gewesen, seit Mary sie damals in hochschwangerem Zustand im Glaubenshaus aufgenommen hatte. Die Versöhnung mit Muhammad hatte nicht lange angehalten. Als Mary sie das nächste Mal wiedersah, hatte sie ihr erzählt, daß ihre beiden Kinder in einem Heim seien und sie selbst einen drogensüchtigen jungen Mann aus einem Vorort Londons kennengelernt habe und als seine Freundin bei seinen Eltern zu Besuch gewesen sei. Aber obwohl sie freundlich von ihnen aufgenommen worden war, hatte sie sich in der sauberen, gediegenen Atmosphäre nicht recht wohlgefühlt, da sie wußte, daß Johns Eltern ihre Vergangenheit nicht kannten und auch nicht ahnten, daß ihr Sohn, an dem sie sehr hingen, drogensüchtig war. Als John eines Abends von zu Hause verschwand, ohne jemandem zu sagen, wohin er ging, schlich sie sich daher ebenfalls davon. Sie hatte nicht den Mut zu bleiben, da sie doch wußte, daß John ins Westend gegangen war, um dort seine Sucht nach Heroin zu befriedigen.

Ein paar Monate später war sie wieder ins Glaubenshaus gekommen, hatte um ein Bett für die Nacht gebeten und Mary erzählt, sie wolle einen Bekannten aufsuchen, der Zimmer vermiete. Dieser Bekannte rief dann einige Tage später bei Mary an und fragte sie, ob sie Marjorie gesehen habe. Sie habe ihm erzählt, wie schlecht es ihr gehe, und fünf Pfund von ihm geborgt. Dann sei sie verschwunden, nachdem sie ihm auch noch seine Uhr gestohlen habe. Er hatte noch einige Male bei Mary angerufen, aber Marjorie hatte sich nicht mehr blicken lassen. Erst im Gefängnis hatte Mary sie wiedergesehen.

»Na ja, Sie wissen ja, was ich bin«, hatte sie ziemlich töricht lächelnd gesagt, als sie Marys vorwurfsvolles Gesicht sah.

»Ja, ich weiß es«, hatte Mary ernst und traurig erwidert. »Aber ich wünschte, Sie gäben sich endlich einmal Mühe, ehrlich zu bleiben. Sie zerstören ja Ihr ganzes Leben.«

An dem Tag jedoch, als Mary auf Wunsch der Kinderfürsorgerin ins Gefängnis ging, bewegte sie nicht so sehr der Gedanke an Marjories Schicksal als an das ihrer beiden Kinder. Sie waren bei Pflegeeltern, die sie liebgewonnen hatten und adoptieren wollten. Mary sollte nun Marjorie fragen, ob sie bereit sei, ihren Anspruch auf die Kinder aufzugeben. Sie war sich bewußt, daß deren Zukunft weitgehend vom Ausgang dieser Unterredung abhing.

»O Herr, mach, daß sie sich so entscheidet, wie es für ihre Kinder am besten ist!« Mit diesem Gebet im Herzen betrat sie die Zelle.

Marjorie blickte fast teilnahmslos auf.

»Wie schlecht sie aussieht!« dachte Mary erschüttert, als sie sich neben sie setzte. »Sie ist kaum fünfundzwanzig und schon so verwelkt.«

»Ich möchte mit Ihnen über Ihre Kinder sprechen«, begann sie. Und da Marjorie immer noch wenig Interesse zeigte, schilderte sie ihr die Situation in großen Zügen: Die Kinder waren nun seit anderthalb Jahren bei dem Ehepaar, das gut für sie sorgte, und schienen sich dort wohlzufühlen. Sie erzählte ein paar Einzelheiten über das Haus und über die Familienverhältnisse der Leute und kam dann zur Hauptsache:

»Die Pflegeeltern hängen sehr an den beiden Kindern und möchten sie adoptieren. Sind Sie bereit, Ihre Ansprüche aufzugeben, Marjorie?«

Ein paar Minuten war es still in der Zelle. Dann sagte die junge Frau langsam:

»Ich glaube, es wird das Beste für sie sein. Sie wissen, was für eine ich bin – ich könnte mich nicht um sie kümmern. Ja, gut! Es wird wirklich das Beste für sie sein.«

Mit einem Seufzer der Erleichterung verließ Mary das Gefängnis und setzte sich sofort mit der Kinderfürsorgerin in Verbindung. Die Adoption konnte eingeleitet werden.

Als Mary das nächste Mal das Gefängnis besuchte, war Marjorie nicht mehr da. Man hatte gemerkt, daß sie rauschgiftsüchtig war, und sie in ein Krankenhaus gebracht . . .

Von allen Straßenmädchen, die einmal im Glaubenshaus gewohnt hatten, besaß die kleine, dunkelhaarige Gloria Marys Zuneigung in besonderem Maße.

»Alle haben Gloria gern«, dachte sie häufig, und die junge Prostituierte hatte sich wirklich mit ihrer sonnigen Natur und ihrem großmütigen Wesen überall Freunde gemacht. Aber nachdem sie damals das Glaubenshaus verlassen und zu Pamela und ihrem alten Leben zurückgekehrt war, hatte sie Mary nur noch einmal besucht. Mary wäre gern mit ihr in Verbindung geblieben. Doch jetzt, wo sie in Hopetown war, war es fraglich, ob sie sie jemals wiedersehen würde. Ost ist Ost und West ist West in London, und die beiden begegnen sich selten.

Um so glücklicher war sie, als ihr ein paar Monate vor ihrer Pensionierung eines Tages gemeldet wurde, jemand mit Namen Gloria sei gekommen, um sie zu besuchen.

»Bringen Sie sie herein!« rief sie. »Ich freue mich sehr, sie wiederzusehen.« Und als Gloria ins Zimmer trat, stand sie vom Schreibtisch auf und ging ihr mit ausgestreckten Armen entgegen.

»Hallo, Majorin, nein, Brigadierin!« sagte Gloria etwas verlegen lachend. »Man hat mir gesagt, daß Sie jetzt Brigadierin sind. Aber für mich werden Sie immer die Majorin bleiben. Ich mußte Sie einmal besuchen. Ich habe Ihnen ein paar Äpfel mitgebracht.«

Sie hielt Mary eine große, braune Tüte hin und sah sich dabei in dem hohen Zimmer mit den blauen Wänden, dem roten Teppich und dem dunklen Schreibtisch um.

»O Gloria, wie lieb von Ihnen!« sagte Mary, während sie die Äpfel in Empfang nahm. Ein kleines Geschenk mitzubringen, das war ganz Gloria!

»Setzen Sie sich in diesen Sessel, und erzählen Sie mir, wie es Ihnen geht!«

Mary hatte sofort gesehen, daß das Mädchen leicht angetrunken und unsicher war. Aber sie tat, als merke sie es nicht. Mochte Gloria sich entspannen, sich an die neue Umgebung gewöhnen und wissen, daß sie, Mary, sich nicht geändert hatte!

»Ich werde uns gleich eine Tasse Kaffee bringen lassen«, fuhr sie fort und ging einen Augenblick hinaus, um der Sekretärin im Vorzimmer Bescheid zu sagen. Dann setzte sie sich neben Gloria und fragte:

»Wo kommen Sie jetzt her?«

»Ich bin gerade aus dem Krankenhaus entlassen worden«, sagte Gloria. »Ich wollte Sie besuchen und bin ins Glaubenshaus gegangen. Dort haben sie mir Ihre Anschrift gegeben, und ich habe mir ein Taxi genommen und bin hierhergekommen.« Sie schwieg einen Augenblick und fuhr dann fort: »Es ist mir nicht sehr gut gegangen. Vielleicht, weil ich so allein war . . . Ich hatte einen Freund, einen Studenten, verstehen Sie? Ich hatte ihn sehr gern und er mich auch. Ich wußte, daß ich ihm gesellschaftlich nicht gewachsen war, aber es schien ihm nichts auszumachen. Er war irgendwie ein bißchen willensschwach und konnte es zu nichts Rechtem bringen. Ich glaube, seine Verwandten hatten es satt mit ihm, weil er nie bei einer Sache blieb. So kam er zu mir und wohnte mit mir zusammen. Es war schön, jemanden zu haben, zu dem man nach Hause kam. Er brauchte nicht viel für sich. Ich konnte genug für uns beide verdienen.«

Mary nickte stumm. Sie wußte, wie einsam das Leben einer Prostituierten im Grunde ist und warum viele von ihnen sich einem Zuhälter anschlossen und bereitwillig »Extrastunden« machten, um ihn zu unterhalten. Sie gehörten doch dann zu jemandem. Wenn sie auch noch so schlecht behandelt, geschlagen und gepeinigt wurden, sobald sie nicht genug Geld nach Hause brachten, das Gefühl, zu jemandem zu gehören, überwog meist alles andere. Nichts war so schlimm wie das Alleinsein.

»Er war nicht geldgierig wie die andern«, fuhr Gloria fort. »Er war anständig zu mir, und ich war froh, daß ich ihn hatte. Aber ich merkte, daß es nicht gut für ihn war, von mir abhängig zu sein. So sagte ich ihm eines Tages: ›Du solltest lieber nach Hause gehen. Ich bin nicht das richtige Mädchen für dich.‹ Schließlich ging er. Ich vermißte ihn sehr, und . . .«, sie lachte kurz auf, aber es klang eher wie ein Schluchzen, »und dann steckte ich den Kopf in den Gasherd . . .«

Mary saß schweigend da. Die Einsamkeit . . . die Verzweiflung . . .

»Im Krankenhaus fand ich mich wieder. War das nicht komisch, Majorin? Kopf in den Gasherd – Erwachen im Krankenhaus. Als ich entlassen wurde, kaufte ich mir einen Drink, und dann fuhr ich ins Glaubenshaus. Aber Sie waren nicht dort . . .« Gloria sprach weiter, dankbar, daß ihr jemand zuhörte. »Ich war nicht das Richtige für ihn, wirklich nicht! Es war besser, daß er zu seinen Leuten zurückging und noch einmal zurechtzukommen versuchte – besser, als mit mir zusammenzuleben . . . Aber ich kann doch auch nicht gar zu schlecht sein, Majorin Scott! Eines Nachts war ein Doktor bei mir. Ich hatte ihn mit in mein Zimmer genommen, weil er zu betrunken war, um fahren zu können. Ich habe mich um ihn gekümmert, bis es ihm wieder besser ging. ›Du bist ein anständiger Kerl‹, hat er zu mir gesagt. ›Ich wünschte, es gäbe mehr von deiner Sorte.‹«

Sie sah Mary fast flehend an.

»Ich kann doch nicht gar so schlecht sein, nicht wahr?« fragte sie leise.

Tränen brannten in Marys Augen, als sie Glorias Hand drückte und bewegt zu ihr sagte:

»Nein Gloria, Sie sind nicht so schlecht! Sie besitzen einen Herzensadel und eine Größe, die manch ›ehrbare‹ Ehefrau klein und unwürdig erscheinen lassen. Sie leben zwar nicht so, wie Gott es von Ihnen erwartet, aber das tun viele andere auch nicht. Wir sind alle Sünder. Lassen Sie sich von dem Gefühl der Scham vor Menschen nicht so niederdrücken, daß Sie Gottes Gnade nicht mehr sehen!

Es gibt noch viele andere Sünden außer der Unmoral, Gloria. Ich will nicht behaupten, daß Unmoral nicht schlimm sei; denn sie ist es! Aber sie ist nicht die einzige Sünde. ›Die Zöllner und Huren mögen wohl eher ins Reich Gottes kommen als ihr‹, sagte Jesus zu den Heuchlern. Lieber die Hölle der Huren als die Hölle der Heuchler! Jesus hatte großes Mitleid mit Frauen wie Ihnen, Gloria. Als andere sie verachteten, tat er es nicht. Da wurde einmal eine Frau von einer Menge Männern zu ihm gebracht, die alle begierig waren, ihm zu berichten, daß sie Ehebruch begangen habe, und wissen wollten, was er über sie dachte. Sie sagten kein Wort über den Mann, sondern wälzten Schuld und Schande allein auf die Frau. Aber Jesus drehte den Spieß um.

›Wer unter euch ohne Sünde ist, der werfe den ersten Stein auf sie‹, sagte er.

Das ließ sie verstummen. Nach diesen Worten schlichen sie alle fort, weil ihnen das Gewissen schlug. Ohne Sünde? Nicht ein einziger von ihnen warf einen Stein. Als alle gegangen waren, sagte Jesus zu der Frau:

›Hat dich niemand verdammt?‹ Sie aber sprach:

›Herr, niemand!‹ Jesus aber sprach: ›So verdamme ich dich auch nicht.‹

Kein Tadel, kein Vorwurf! Die arme Frau hatte genug gelitten durch die, die sie verachteten. ›So verdamme ich dich auch nicht.‹

Aber er machte hier nicht halt, Gloria! Er sagte:

›Geh hin, und sündige hinfort nicht mehr!‹

Er sagte damit nicht etwas, was unmöglich gewesen wäre. Er kann die Kraft geben, ein reines Leben zu führen – ja, auch einer Frau wie Ihnen! Ich weiß, daß es das gibt. Ich habe es erlebt.

Da war Rosa, eine Mutter von sechs Kindern, die alle in Pflege waren. Sie hatte ihren Mann verlassen, war auf die Straße gegangen und wegen Belästigung verhaftet worden.

Im Gefängnis begegnete sie Gott. Irgendwie ging ihr ein Wort des Gefängnispfarrers so zu Herzen, daß sie beschloß, nie wieder auf den Strich zu gehen. Ich holte sie am Gefängnistor ab und nahm sie mit ins Glaubenshaus. Dann setzte ich sie in den Zug nach dem Norden des Landes, wo sie in der Nähe ihrer Kinder Arbeit fand.

›Jetzt kann ich den Kopf wieder hoch tragen‹, schrieb sie mir.

Und Leila! Sie war sieben Jahre lang auf der Straße gewesen. Der Mann, mit dem sie zusammenwohnte, hatte sie dorthin geschickt, als sie siebzehn Jahre alt war. Sie hatte einen Widerwillen dagegen, blieb aber, nachdem sie mit dem Mann gebrochen hatte, weiter auf der Straße, um Geld für den Unterhalt ihrer beiden Kinder zu verdienen. Dann wurde sie krank.

›Sie braucht etwas mehr als ärztliche Betreuung‹, sagte ihr Arzt. So wurden die Kinder in ein Heim gebracht, und sie kam zu uns ins Glaubenshaus.

Wie Sie, Gloria!

Da war irgend etwas, was sie anzog. Ich glaube, sie spürte, daß Gott dort war. Sie versäumte keine Andacht. Und eines Tages sagte sie:

›Ich habe hier gefunden, was ich gesucht habe: einen Anker!‹

›Wenn Sie Ihr Vertrauen auf Gott setzen, wird er einen Weg für Sie finden‹, sagte ich zu ihr. Und er fand ihn. Ja, er fand ihn, Gloria! Ihre Familie nahm die Verbindung mit ihr wieder auf, holte sie nach Hause und war rührend gut zu ihr.

›Ich weiß nicht, wie ich Ihnen dafür danken soll, daß Sie mir geholfen haben, mein Leben wieder in Ordnung zu bringen‹, schrieb sie von dort. ›Aber danken möchte ich Ihnen vor allem dafür, daß Sie mir den Weg zum Glauben an Gott gezeigt haben. Ich weiß, wenn er mir hilft, kann ich nicht wieder fallen . . .‹

Und nun gar Vera! Was hatte sie für ein Leben, Gloria! Sie muß ein reizendes junges Mädchen gewesen sein, groß, schlank – und auch gebildet! Aber irgendwie war alles bei ihr schiefgegangen. Sie heiratete, wurde geschieden und mußte in eine Nervenheilanstalt gebracht werden. Dort lernte sie ein Mädchen kennen, das ihr erzählte, wie man seinen Lebensunterhalt auf der Straße verdienen kann. Als sie entlassen wurde, ging sie auf den Strich. Sie befreundete sich dann mit einem Offizier der Wachbrigade und lebte mit ihm zusammen. Beide tranken maßlos, und sie ging Nacht für Nacht auf die Straße, um das Geld dafür zu verdienen.

Eines Samstagabends wurde ihr klar, wie tief sie gesunken war. Es war der Abend des Pokalendspiels, und eine Menge Fußballfans liefen durch das Westend, um sich seine Sehenswürdigkeiten anzusehen. Sie kamen auch die Half Moon Street entlang, wo sie stand, und sie merkte, daß sie dorthin gekommen waren, um sich die Prostituierten anzusehen. Und sie war eine davon – einfach ein Schaustück! Sie ging in ihre Wohnung zurück und sagte zu ihrem Freund:

›Ich kann es nicht mehr tun, John, Es war furchtbar! Die Fußballfans sind nur gekommen, um uns zu besichtigen – als ein Teil der Sehenswürdigkeiten . . .‹

›Na schön!‹ sagte John darauf. ›Aber wir haben kein Geld mehr, nur noch drei Pfund. Komm, laß uns etwas dafür trinken!‹

So gingen sie in eine Kneipe und betranken sich. Als sie dann über die Chelsea Bridge torkelten, sagte John: ›Das ist also nun das Ende!‹ und sprang ins Wasser.

Aber das war nicht das Ende, Gloria! Selbst wenn er ertrunken wäre, wäre es nicht das Ende gewesen. Denn der Tod ist nicht das Ende. Aber er ertrank nicht. Vera schrie, und ein paar Polizisten kamen und fischten ihn heraus. Was nun?

Da kam Vera auf den Gedanken, eine Bewährungshelferin um Rat zu fragen, und diese schickte sie ins Glaubenshaus. Hier wirkte Gott an ihrem Herzen – durch sein Wort in den Andachten und durch Gebetserhörungen, die sie miterlebte.

Eines Abends nahm ich sie mit in die Regent Hall. Ein paar junge Heilsarmee-Kadetten erzählten, wie Gott in ihr Leben gekommen war, und ich sah, daß ihr Zeugnis Vera tief bewegte. Am Schluß der Versammlung ging sie nach vorn, kniete dort nieder und bat Gott, auch in ihr Leben zu kommen und es ganz neu zu machen. Und Gott tat es.

Ich kann nicht sagen, daß sie nun keine Probleme mehr hatte. Sie mußte vor allem mit ihrer eigenen Unbeständigkeit fertig zu werden versuchen. Aber sie hatte ja Gott. Ich habe nie gehört, daß sie wieder auf die Straße oder zum Alkohol zurückgekehrt wäre. Sie hatte wie Leila einen Halt gefunden, einen Anker in den Stürmen ihres Lebens.

Gott hat es für andere getan, Gloria, und er kann es auch für Sie tun. Er kann Ihnen den Weg in ein neues Leben zeigen, damit Sie den Kopf wieder hoch tragen können. Er kann Ihnen das Gefühl der Scham und der Schuld wegnehmen, das Sie den Menschen gegenüber so unsicher macht. Er hat gesagt, daß er Ihnen Ihre Sünden vergeben und ihrer nicht mehr gedenken will. Gott möchte es gern für Sie tun.«

Gloria schüttelte langsam und ungläubig den Kopf.

»Nicht für mich!« sagte sie. »Nicht für ein Mädchen wie mich.«

»Doch, Gloria! Auch für ein Mädchen wie Sie!«

*Weitere Bücher von Phyllis Thompson im
Oncken Verlag Wuppertal und Kassel*

Der Spatz in London
Die Geschichte der »unbegabten Frau« Gladys Aylward
ABCteam-Band, 176 Seiten, Leinen

Oft sah man sie auf irgendeinem Bordstein sitzen, ein graues Bündel,
ein kleiner müder Spatz, der sich mitten im Verkehr ausruhte. Sie
war aus ihrer Londoner Dienstbotenkammer gekommen, um einer
Berufung zu folgen, von der nur einer wußte: Gott, und an die nur
ein Mensch glaubte: sie selbst. So reiste sie »privat« über Sibirien
nach China. Für sie gab es keine Missionsgelder, aber Gott, der für
Spatzen sorgt, gab ihr eine Behördenanstellung.
Weltberühmt fast zur Legende wurde sie durch ihren Kindertreck.
Doch weniger bekannt sind die Jahre danach, die sie in England und
als naturalisierte Chinesin in Taiwan verbrachte.
Phyllis Thompson, Angehörige jener Gesellschaft, die Gladys Aylward Untauglichkeit bescheinigte, erzählt in diesem Buch ihre Geschichte von den Anfängen an bis zu den letzten Tagen in Taiwan. In
ihr fand Gladys, die »unbegabte Frau« – »eine von den Unbezwunge-
nen«, eine sachkundige Biographin. Mit sicherem Blick für den Humor und die hingebungsvolle Liebe dieser Frau zu einem Land, das
sich wieder einmal zu öffnen beginnt.

Oncken Verlag Wuppertal und Kassel

Oncken-Jugendbuch

Der Abenteurer Gottes
Das Leben Hudson Taylors
ABCteam-Jugendbuch, 112 Seiten, Paperback
JM 12-14 J.

Ein Mann vertraut Gott – ob er nun seine Geldmünze verschenkt, unter schwierigen Umständen bis fast ans »Ende der Welt« reist, oder Gott um tausend Missionare für seine neue »China-Inland-Mission« bittet.
Wahrlich ein Leben voller Abenteuer. Doch Gott läßt seinen treuen und mutigen Streiter nie im Stich, auch wenn die Antworten manchmal anders ausfallen, als sie sich Hudson Taylor wünscht.
Ein Jugendbuch, das auch Erwachsene mit Spannung lesen werden.

Oncken Verlag Wuppertal und Kassel